Physik

Lösungsbogen

Herausgeber:
MEDI-LEARN Verlag GbR
Dorfstraße 57, 24107 Ottendorf
Tel. 0431 78025-0, Fax 0431 78025-262
E-Mail support@medi-learn.de
www.medi-learn.de

Verlagsredaktion:
Jens Plasger, Dipl.-Oek./Medizin (FH) Désirée Weber, Denise Drdacky, Dr. Marlies Weier, Sabine Herold, Christian Plasger, Christian Weier

Layout und Satz:
Fritz Ramcke, Kristina Junghans, Christian Gottschalk, Lisa Seibert, Arne von Bassi

Grafiken:
Institut für medizinische und pharmazeutische Prüfungsfragen (IMPP) in 55116 Mainz

Druck:
Löhnert Druck

1. Auflage 2018
© 2018 MEDI-LEARN Verlag GbR, Kiel
ISBN: 978-3-95658-082-6

Das vorliegende Werk ist in all seinen Teilen urheberrechtlich geschützt. Alle Rechte sind vorbehalten, insbesondere das Recht der Übersetzung, des Vortrags, der Reproduktion, der Vervielfältigung auf fotomechanischen oder anderen Wegen und Speicherung in elektronischen Medien.
Ungeachtet der Sorgfalt, die auf die Erstellung von Texten und Abbildungen verwendet wurde, können weder Verlag noch Autor oder Herausgeber für mögliche Fehler und deren Folgen eine juristische Verantwortung oder irgendeine Haftung übernehmen.

Wichtiger Hinweis für alle Leser
Die Medizin ist als Naturwissenschaft ständigen Veränderungen und Neuerungen unterworfen. Sowohl die Forschung als auch klinische Erfahrungen führen dazu, dass der Wissensstand ständig erweitert wird. Dies gilt insbesondere für medikamentöse Therapie und andere Behandlungen. Alle Dosierungen oder Applikationen in diesem Buch unterliegen diesen Veränderungen.
Obwohl das MEDI-LEARN Team größte Sorgfalt in Bezug auf die Angabe von Dosierungen oder Applikationen hat walten lassen, kann es hierfür keine Gewähr übernehmen. Jeder Leser ist angehalten, durch genaue Lektüre der Beipackzettel oder Rücksprache mit einem Spezialisten zu überprüfen, ob die Dosierung oder die Applikationsdauer oder -menge zutrifft. Jede Dosierung oder Applikation erfolgt auf eigene Gefahr des Benutzers. Sollten Fehler auffallen, bitten wir dringend darum, uns darüber in Kenntnis zu setzen.

Examensfragen

Fragensammlung Physik

1. Auflage

Die Prüfungsaufgaben sind urheberrechtlich geschützt. Inhaber der Urheberrechte an den Aufgaben ist das Institut für medizinische und pharmazeutische Prüfungsfragen (IMPP) in 55116 Mainz. Ohne Zustimmung des IMPP ist jede Nutzung der Aufgaben außerhalb der engen Grenzen des Urheberrechtsgesetzes unzulässig.

MEDI-LEARN Verlag GbR

Vorwort

Warum eine Fragensammlung auf Papier?
Das ist doch völlig „retro", werden einige von euch denken.
Wir sagen jedoch: BACK TO THE ROOTS – und das aus gutem Grund!

Lesen ist nicht gleich Lesen
Aktuelle Studien belegen erhebliche Unterschiede zwischen dem Lesen am Bildschirm und dem Lesen von Texten auf Papier. Während Bildschirmtexte eher überflogen werden, ist die Konzentration beim Lesen gedruckter Texte deutlich erhöht.
Mittlerweile gibt es aber nur noch die Möglichkeit, die Examensfragen elektronisch zu kreuzen, während in der Original-Prüfung die Fragen auf Papier bearbeitet und die Lösungen auf einen Computerbogen übertragen werden müssen.

Thematische Sortierung für die Lernphase
Wir haben die Fragen der Termine Herbst 12 bis Frühjahr 17 passend zu unserer Skriptenreihe thematisch sortiert. Wenn du die Fragen scannst, indem du die richtigen Lösungen mit einem Textmarker hervorhebst, siehst du die Prüfungsschwerpunkte jeweiligen Themen auf einen Blick.

Original-Examen als Generalprobe
Die Examensfragen nach F17 haben wir ausgekoppelt und thematisch nicht eingeordnet. So kann jedes Examen nach F17 als Generalprobe verwendet werden. Außerdem kannst du auf diese Weise sicher sein, dass dein Ergebnis nicht durch die Kenntnis der Fragen verfälscht ist.

Computerbogen (sog. „Antwortbeleg")
Es findet sich ein Mustercomputerbogen im Heft, auf den du genau wie in der Prüfung deine Lösungen übertragen kannst. Wenn dieser Bogen verbraucht ist, kannst du eine weitere Vorlage downloaden unter: www.medi-learn.de/computerbogen

Lösungsbogen
Auf dem Lösungsbogen findest du neben der richtigen Lösung auch die Schwierigkeit der jeweiligen Fragen.
Der Schwierigkeitsindex (S) sagt dir, welcher Anteil der Studenten die Fragen in der Original-Prüfung richtig gekreuzt hat. S=0.95 bedeutet z.B., dass 95% der Prüfungskandidaten diese Frage richtig hatten.

Protokollbogen und Inhaltsverzeichnis
Auf dem Protokollbogen, der gleichzeitig die Funktion eines Inhaltsverzeichnisses erfüllt, kannst du deine Kreuzergebnisse thematisch notieren.
Da du hier siehst, wie viele Fragen dem Thema zugeordnet sind und wie schwer diese im Mittel waren, kannst du erkennen, welche Themen für dich besonders lohnenswert sind.
Du solltest am besten die großen Themen wiederholen, insbesondere solche, bei denen dein persönliches Ergebnis am weitesten nach unten von der mittleren Schwierigkeit abweicht. Hier lohnt sich die Wiederholung am meisten.

Fragenkommentare von AMBOSS
Auf miamed.de/ML findest du ein Verzeichnis der MEDI-LEARN-Themen.
So kannst du Fragen, die du zuvor auf Papier gekreuzt hast, thematisch wiederfinden.
Außerdem findest du hier eine Eingabemaske, um gezielt Kommentare zu einzelnen Fragen aufzurufen.

Antwortbeleg

Kennzeichnen Sie Ihre Antwort exakt und eindeutig mit einem Kreuz!

A B B D E
○ ○ ○ ☒ ○

Den kompletten Antwortbeleg kannst du dir hier herunterladen:
www.medi-learn.de/computerbogen

Protokollbogen

		Seite	Fragen N	richtig:
1	Physik (s: 0.6)	1	160	
1.1	Das Handwerkszeug – Messen und Rechnen (s: 0.71)	1	17	
1.1.1	Physikalische Größen (s: 0.63)	1	5	
1.1.2	Messfehler (s: 0.78)	1	2	
1.1.3	Statistik und Wahrscheinlichkeitsrechnung (s: 0.73)	2	10	
1.2	Mechanik (s: 0.55)	3	28	
1.2.1	Geradlinige Bewegung (s: 0.58)	3	7	
1.2.2	Kraft (s: 0.46)	4	8	
1.2.3	Kreisbewegung (s: 0.57)	6	4	
1.2.4	Arbeit, Energie und Leistung (s: 0.58)	6	9	
1.3	Mechanik von Flüssigkeiten und Gasen (s: 0.52)	8	17	
1.3.1	Makroskopische Beschreibung von Flüssigkeiten und Gasen (s: 0.54)	8	4	
1.3.2	Strömungslehre (s: 0.52)	8	13	
1.4	Wärmelehre (s: 0.62)	10	10	
1.4.1	Zustandsgrößen und Stoffeigenschaften (s: 0.6)	10	8	
1.4.2	Ideale Gase (s: 0.69)	12	2	
1.5	Struktur der Materie (s: 0.8)	12	3	
1.5.1	Atome (s: 0.8)	12	3	
1.6	Elektrizitätslehre (s: 0.61)	13	22	
1.6.1	Elektrostatik (s: 0.63)	13	1	
1.6.2	Elektrischer Strom (s: 0.51)	13	6	
1.6.3	Gleichstromkreise mit Widerständen (s: 0.71)	14	8	
1.6.4	Gleichstromkreise mit Kondensatoren (s: 0.54)	15	6	
1.6.5	Wechselstrom (s: 0.73)	16	1	
1.7	Schwingungen und Wellen (s: 0.62)	16	14	
1.7.1	Schwingungen (s: 0.78)	16	1	
1.7.2	Elektromagnetische Wellen (s: 0.53)	16	4	
1.7.3	Schallwellen (s: 0.64)	17	9	
1.8	Ionisierende Strahlung (s: 0.62)	18	34	
1.8.1	Teilchenstrahlung (s: 0.63)	18	15	
1.8.2	Photonenstrahlung (s: 0.64)	20	10	
1.8.3	Positronen-Emissions-Tomographie (s: 0.89)	21	3	
1.8.4	Strahlenschutz (s: 0.46)	22	6	
1.9	Optik (s: 0.56)	23	15	
1.9.1	Licht (s: 0.47)	23	1	
1.9.2	Linsen und optische Geräte (s: 0.61)	23	8	
1.9.3	Photometrie (s: 0.51)	24	6	

Hinweis: Du findest hinter den Kapitelüberschriften Angaben zur mittleren Schwierigkeit der zu diesem Kapitel gestellten Fragen (z. B. s: 0.95). Dieser Wert sagt dir, welcher Anteil der Studenten die Fragen zu diesem Kapitel richtig gekreuzt hat. Weitere Statistiken findest du unter: www.medi-learn.de/statistik

1 Physik (s: 0.6)
1.1 Das Handwerkszeug – Messen und Rechnen (s: 0.71)
1.1.1 Physikalische Größen (s: 0.63)

1. *H12-1-1* Etwa wie viele Erythrozyten sind in einem mm³ Blut bei einem Menschen, der etwa 6 L Blut und darin insgesamt etwa $24 \cdot 10^{12}$ Erythrozyten hat?
(A) 4
(B) 4 Tausend
(C) 4 Millionen
(D) 4 Milliarden
(E) 4 Billionen

2. *F13-1-4* Im Blut eines Patienten befinden sich pro 1 µL etwa $5 \cdot 10^6$ Erythrozyten. Etwa 0,01 % von ihnen sind kugelförmig verändert (Sphärozyten). Der Patient hat ein Blutvolumen von 5 L.
Etwa wie viele Sphärozyten befinden sich insgesamt im Blut des Patienten?
(A) $1 \cdot 10^7$
(B) $2,5 \cdot 10^9$
(C) $1 \cdot 10^{10}$
(D) $2,5 \cdot 10^{10}$
(E) $2,5 \cdot 10^{11}$

3. *F16-1-2* Ein Patient hat 8 000 Leukozyten pro Mikroliter Blut.
Etwa wie viele Leukozyten zirkulieren dann im Blut des Patienten, wenn eine Blutmenge von 6 L angenommen wird?
(A) $5 \cdot 10^4$
(B) $5 \cdot 10^7$
(C) $5 \cdot 10^{10}$
(D) $5 \cdot 10^{13}$
(E) $5 \cdot 10^{16}$

4. *H16-1-50* Bei der Aktivierung eines Axonabschnittes fließen etwa $9 \cdot 10^7$ Na⁺-Ionen durch Ionenkanäle der Zellmembran ins Innere des Axons. Dieser Abschnitt des Axons hat ein Volumen von $3 \cdot 10^{-11}$ L (wobei eine Ionenwanderung zu den Nachbarabschnitten nicht zu berücksichtigen ist). Vor Öffnung der Ionenkanäle betrug die Konzentration der Na⁺-Ionen in dem Axon etwa 15 mmol/L.
Etwa wie groß ist dann das Verhältnis der Anzahl der einströmenden Na⁺-Ionen zur Anzahl der bereits im Axonabschnitt vorhandenen Na⁺-Ionen?
(A) $1 : 3 \cdot 10^9$
(B) $1 : 3 \cdot 10^6$
(C) $1 : 3 \cdot 10^3$
(D) $1 : 3$
(E) $3 \cdot 10^2 : 1$

5. *H15-1-74* Ein Proband hat 6 L Blut. Jeweils 1 mm³ seines Bluts enthält etwa 300 000 Thrombozyten.
Etwa wie viele Thrombozyten sind dann insgesamt in seinem Blut?
(A) $1,8 \cdot 10^6$
(B) $1,8 \cdot 10^9$
(C) $1,8 \cdot 10^{10}$
(D) $1,8 \cdot 10^{11}$
(E) $1,8 \cdot 10^{12}$

1.1.2 Messfehler (s: 0.78)

6. *F16-1-1* Die digitale Anzeige eines Blutzuckermessgeräts zeigt 8,1 mmol/L an. Die Messunsicherheit beträgt dabei ± 0,4 mmol/L.
Etwa wie groß ist die relative Messunsicherheit?
(A) ± 0,3 %
(B) ± 0,5 %
(C) ± 2 %
(D) ± 3 %
(E) ± 5 %

7. *H15-1-1* Die Messunsicherheit eines Blutdruckmessgeräts wird in der Bedienungsanleitung mit ± 3 mmHg angegeben. Bei einer Messung wird als diastolischer Wert 90 mmHg angezeigt.
Etwa wie groß ist somit die relative Messunsicherheit dieses Wertes (wenn die Angabe in der Bedienungsanleitung zutrifft)?
(A) ± 0,2 %
(B) ± 0,3 %
(C) ± 0,9 %
(D) ± 2 %
(E) ± 3 %

Physik

1.1.3 Statistik und Wahrscheinlichkeitsrechnung (s: 0.73)

8. *F14-1-1* Die Verteilung der bei einer Reihenuntersuchung erhobenen Messdaten genügt in guter Näherung einer (Gauß-)Normalverteilung. Die Anzahl der Daten unterhalb des arithmetischen Mittelwerts verhält sich dann zur Anzahl der Daten oberhalb des arithmetischen Mittelwerts ungefähr wie
(A) 16 : 84
(B) 32 : 68
(C) 50 : 50
(D) 63 : 37
(E) 68 : 32

9. *F15-1-1* Bei einer großen Anzahl männlicher Probanden wurde eine Reihenuntersuchung durchgeführt. Es ergab sich für die Körpergröße eine (Gauß-)Normalverteilung mit einem Mittelwert von 1,80 m und einer Standardabweichung von 10 cm.
Welche der Aussagen zur Größenverteilung dieser Männer trifft am ehesten zu?
(A) Etwa 5 % sind mindestens 2,00 m groß.
(B) Etwa 16 % sind höchstens 1,50 m groß.
(C) Etwa 32 % sind zwischen 1,70 m und 1,90 m groß.
(D) Etwa 50 % sind mindestens 1,80 m groß.
(E) Etwa 68 % sind höchstens 1,90 m groß.

10. *F17-1-2* Eine Untersuchung an 1 008 Jungen im Alter von 13 Jahren ergibt eine Größenverteilung, die in guter Näherung durch eine (Gauß-)Normalverteilung mit einem Mittelwert von 160 cm beschreibbar ist. 342 der untersuchten Jungen haben eine Körpergröße zwischen 160 cm und 168 cm.
Etwa wie viel Prozent der 13-jährigen Jungen in der Population sind, unter der Annahme, dass es sich um eine repräsentative Stichprobe handelte, größer als 168 cm?
(A) 8 %
(B) 16 %
(C) 20 %
(D) 32 %
(E) 34 %

11. *H12-1-2* Eines der Kriterien für die Tauglichkeit als männlicher Blutspender ist eine Hämoglobin-Konzentration im Blut von mindestens 8,37 mmol/L. Die Messung bei potenziellen Blutspendern erfolge mit einem portablen Messgerät, das einen zufälligen Messfehler (Standardabweichung der Gauß-Fehlerkurve) von 0,20 mmol/L hat.
Etwa mit welcher Wahrscheinlichkeit liegt der wahre Wert unter 8,37 mmol/L, wenn das Messgerät 8,57 mmol/L anzeigt?
(A) 0,1 %
(B) 0,2 %
(C) 2 %
(D) 4 %
(E) 16 %

12. *F13-1-5* Im Rahmen einer Reihenuntersuchung wird bei etwa 1 000 Probanden die (Gesamt-) Proteinkonzentration im Blutserum bestimmt. Die Streuung der aufgenommenen Daten lässt sich gut durch eine (Gauß-)Normalverteilung beschreiben. Dabei liegen 68 % der Messwerte im Intervall von 70 g/L bis 80 g/L.
Zwischen welchen Intervallgrenzen liegen etwa 95 % aller Daten?
(A) von 55 g/L bis 95 g/L
(B) von 57 g/L bis 93 g/L
(C) von 60 g/L bis 90 g/L
(D) von 65 g/L bis 85 g/L
(E) von 68 g/L bis 82 g/L

13. *H13-1-13* Bei einer Reihenuntersuchung wird an über 1 000 Frauen die Harnsäure-Konzentration im Blutserum bestimmt. Die Werte genügen in guter Übereinstimmung einer (Gauß-)Normalverteilung mit einem Mittelwert von 4,2 mg/dL und einer Standardabweichung von 1,0 mg/dL.
Etwa wie viel Prozent der Probanden weisen eine Harnsäure-Konzentration von mehr als 3,2 mg/dL auf?
(A) 32 %
(B) 63 %
(C) 68 %
(D) 84 %
(E) 96 %

14. *H14-1-2* Im Rahmen einer Studie wird die Körpergröße von 2 000 Männern im Alter von 25 Jahren ermittelt. Die Größenverteilung genügt in guter Näherung einer Gauß- Verteilung (Normalverteilung) mit einem Mittelwert von 168 cm und einer Standardabweichung von 12 cm.
Etwa wie viele Personen sind größer als 180 cm?
(A) 40
(B) 80
(C) 160
(D) 320
(E) 640

15. *F16-1-3* Bei einer umfangreichen Patientengruppe wird der Blutdruck bestimmt. Dabei ergibt sich, dass der systolische Blutdruck in guter Näherung einer (Gauß-)Normalverteilung folgt. Der Mittelwert des systolischen Blutdrucks beträgt 130 mmHg bei einer Standardabweichung von 10 mmHg.
Etwa wie viel Prozent weisen demnach einen systolischen Blutdruck größer als 140 mmHg auf?
(A) 2,5 %
(B) 5 %
(C) 8 %
(D) 16 %
(E) 32 %

16. *H16-1-3* Für eine wissenschaftliche Studie sollen männliche Probanden mit einer Körpergröße zwischen 1,80 und 2,00 m untersucht werden. Die Körpergröße von Männern zeigt eine (Gauß-)Normalverteilung mit einem Mittelwert von 1,80 m und einer Standardabweichung von 10 cm.
Etwa welcher Anteil von Männern könnte allein aufgrund der Größe nicht an der Studie teilnehmen?
(A) 5 %
(B) 16 %
(C) 32 %
(D) 52 %
(E) 68 %

17. *H16-1-2* Bei 10 männlichen Personen wurden Einzelbestimmungen der Hämoglobinkonzentration im Blut vorgenommen und 11 mmol/L als (arithmetischer) Mittelwert der 10 Messwerte errechnet. Bei der Durchsicht der Einzelergebnisse wird ein Wert von 20 mmol/L bei einer Person als Messfehler (Ausreißer) deklariert und aus der Untersuchung ausgeschlossen.
Welche Hämoglobinkonzentration ergibt sich dann als Mittelwert über die verbleibenden 9 Personen?
(A) 8 mmol/L
(B) 9 mmol/L
(C) 10 mmol/L
(D) 11,9 mmol/L
(E) 15,5 mmol/L

1.2 Mechanik (s: 0.55)
1.2.1 Geradlinige Bewegung (s: 0.58)

18. *F15-1-3* Ein Kugelstoßer beschleunigt eine Kugel, die etwa 7 kg Masse hat, innerhalb 0,4 s von Ruhe auf die (Abwurf-)Geschwindigkeit 14 m/s.
Etwa welche (vereinfachend als konstant angenommene) Kraft in Beschleunigungsrichtung ist zur Beschleunigung der Kugel (vereinfachend ohne Berücksichtigung der Gewichtskraft) notwendig?
(A) 39 N
(B) 250 N
(C) 610 N
(D) 1 700 N
(E) 3 400 N

19. *H16-1-4* Bei einem Autounfall wird ein Insasse von der Geschwindigkeit 36 km/h innerhalb einer Strecke von 0,4 m (durch den Sicherheitsgurt und die Knautschzone des Autos) bis zum Stillstand geradlinig abgebremst. Vereinfachend wird eine konstante Abbremsbeschleunigung entgegen der Fahrtrichtung angenommen.
Wie groß ist der (absolute) Betrag der auf den Insassen wirkenden Abbremsbeschleunigung?
(A) 12,5 m/s^2
(B) 25 m/s^2
(C) 125 m/s^2
(D) 250 m/s^2
(E) 1 600 m/s^2

20. *H12-1-4* Spitzensportlerinnen laufen 400 m in etwa 50 s.
Etwa wie groß ist hierbei die Durchschnittsgeschwindigkeit (mittlere Geschwindigkeit) in km/h?
(A) 9 km/h
(B) 14 km/h
(C) 19 km/h
(D) 24 km/h
(E) 29 km/h

Physik

21. **F15-1-2** Die Reaktionszeit eines Probanden liegt bei erwarteten Ereignissen zwischen 0,1 und 0,4 Sekunden.
Welche Strecke legt sein Auto mit einer Geschwindigkeit von 72 km/h im ungünstigsten Fall während der Reaktionszeit auf ein erwartetes Ereignis zurück?
(A) 5 m
(B) 8 m
(C) 10 m
(D) 12 m
(E) 16 m

22. **F16-1-90** Eine Erregung wird über die Strecke von sges fortgeleitet. In der ersten Hälfte von sges ist die Geschwindigkeit konstant 6 m/s. Mit Beginn der zweiten Hälfte von sges steigt sie sprunghaft an und bleibt von da an konstant 12 m/s.
Wie groß ist die Durchschnittsgeschwindigkeit (das harmonische Mittel der beiden Geschwindigkeiten) über die Strecke s_{ges}?
(A) 7 m/s
(B) 8 m/s
(C) 9 m/s
(D) 10 m/s
(E) 11 m/s

23. **H14-1-82** Bei einem 20-Jährigen soll die Leitungsgeschwindigkeit der afferenten Fasern im N. medianus bestimmt werden. Hierfür wird am Daumen elektrisch gereizt und mittels Oberflächenelektroden sowohl an der Beugeseite des Handgelenks (Ableitstelle 1) als auch in der Ellenbeuge (Ableitstelle 2) ein Summenaktionspotential bipolar abgeleitet:

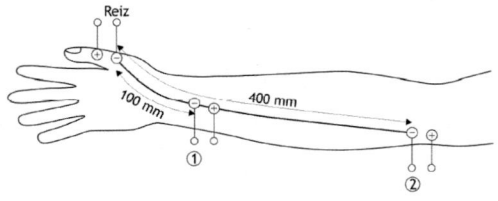

Folgende Messwerte ergeben sich:
Entfernung zwischen Reizstelle und Ableitstelle 1: 100 mm
Entfernung zwischen Reizstelle und Ableitstelle 2: 400 mm
Latenz zwischen Reizbeginn und Aktionspotentialgipfel bei 1: 4 ms
Latenz zwischen Reizbeginn und Aktionspotentialgipfel bei 2: 10 ms

Die so ermittelte Leitungsgeschwindigkeit liegt am nächsten bei
(A) 4 m/s
(B) 10 m/s
(C) 20 m/s
(D) 50 m/s
(E) 80 m/s

24. **H16-1-124** Die folgende Darstellung zeigt vereinfacht zwei Druckpulsregistrierungen, die bei einem Patienten zeitgleich an der linken Arteria subclavia (obere Kurve) und an der linken Arteria radialis (untere Kurve) aufgezeichnet wurden. Die Messorte waren 15 cm und 65 cm von der Aortenklappe entfernt. Aus den Messergebnissen soll die Geschwindigkeit der Druckpulswelle zwischen den beiden Messorten ermittelt werden.

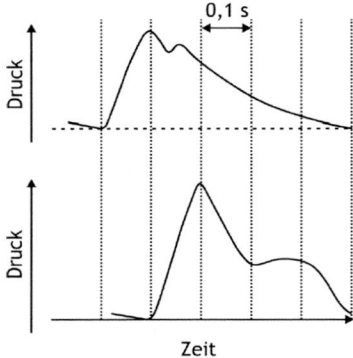

Etwa wie groß war die mittlere Geschwindigkeit der Druckpulswelle zwischen den beiden Messorten?
(A) < 1 m/s
(B) 2 – 3 m/s
(C) 4 – 6 m/s
(D) 8 – 10 m/s
(E) > 14 m/s

1.2.2 Kraft (s: 0.46)

25. **F14-1-7** Myosin ist im Muskel an der Umwandlung von chemischer Energie in Kraft und Bewegung beteiligt. In einem einfachen mechanischen Modell kann man sich das Myosin-Molekül als eine (ideal dem Hooke'schen Gesetz gehorchende) Feder mit einer Federkonstante von $5,0 \cdot 10^{-3}$ N/m vorstellen, die durch chemische Prozesse bis zu einer Auslenkung von 5,0 nm gespannt wird.

Etwa wie groß ist dann die (Spann-)Energie in dem gespannten Myosin-Molekül?
(A) $6{,}3 \cdot 10^{-20}$ Nm
(B) $1{,}2 \cdot 10^{-19}$ Nm
(C) $6{,}3 \cdot 10^{-14}$ Nm
(D) $2{,}5 \cdot 10^{-11}$ Nm
(E) $2{,}5 \cdot 10^{-8}$ Nm

26. *H13-1-5* Ein 45 cm langer Knochen wird durch eine Zugspannung von 0,12 GPa um 0,30 cm gedehnt.
Welchen Elastizitätsmodul hat der Knochen?
(A) 0,025 GPa
(B) 0,4 GPa
(C) 4 GPa
(D) 5,4 GPa
(E) 18 GPa

27. *F15-1-6* Beim Laufen eines Probanden wirkt eine Kraft von bis zu 4 500 N auf die Achillessehne bei einer Querschnittsfläche der Sehne von etwa 90 mm². Die maximale Zugspannung bis zum Reißen der Achillessehne beträgt etwa 100 MPa.
Etwa welcher Anteil der maximalen Zugspannung wird also beim Laufen erreicht?
(A) 5 %
(B) 9 %
(C) 40 %
(D) 50 %
(E) 90 %

28. *F17-1-4* Ein 30 cm langes menschliches Haar mit einer Querschnittsfläche von 3 000 µm² wird durch eine Kraft von 0,1 N um etwa 3 mm gedehnt.
Etwa wie groß ist der Elastizitätsmodul E des Haares gemäß dem Hooke'schen Gesetz?
(A) $3 \cdot 10^5$ N/m²
(B) $3 \cdot 10^6$ N/m²
(C) $3 \cdot 10^7$ N/m²
(D) $3 \cdot 10^8$ N/m²
(E) $3 \cdot 10^9$ N/m²

29. *F13-1-6* Bei einem Schlag eines Boxers wird innerhalb der Einwirkzeit des Schlages von 20 ms ein Impuls von 40 kg·m/s übertragen.
Welche (als konstant angenommene) Kraft wirkt bei dem Schlag?
(A) 200 N
(B) 500 N
(C) 800 N
(D) 2 000 N
(E) 20 000 N

30. *H14-1-4* Bei einem Autounfall wird ein Insasse der Masse 75 kg durch den eng anliegenden Sicherheitsgurt aufgefangen, wobei ein Gurtkraftbegrenzer die auf den Insassen wirkende Kraft auf maximal 5 000 N begrenzt.
Die auf den Insassen wirkende Beschleunigung wird somit (dem Betrage nach) begrenzt auf etwa
(A) 0,067 m/s²
(B) 15 m/s²
(C) 33 m/s²
(D) 67 m/s²
(E) 375 m/s²

31. *F14-1-2* Bei einem Weitspringer in der Flugphase sind der momentane Geschwindigkeitsvektor und der momentane Beschleunigungsvektor zu einem bestimmten Zeitpunkt schematisch angegeben, wobei die Luftreibung nicht berücksichtigt wird.
Welche der folgenden Schemazeichnungen (A) bis (E) zeigt am ehesten die korrekten Vektoren für Geschwindigkeit und Beschleunigung?

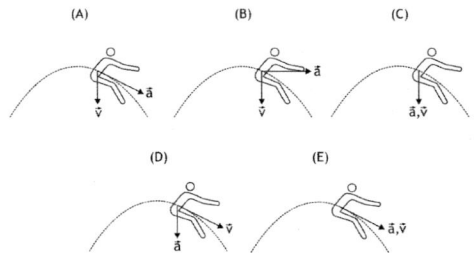

32. *H15-1-2* Der Kopf eines Boxers wird durch einen Faustschlag getroffen. Der Kopf wird vereinfacht als isolierter, zentral getroffener und mit einer Kraft von 3 000 N beschleunigter Körper der Masse 5 kg betrachtet.
Etwa wievielmal größer als die Erdbeschleunigung g ist die Beschleunigung, die der Kopf somit erfährt?
(A) 60-mal
(B) 150-mal
(C) 600-mal
(D) 1 500-mal
(E) 15 000-mal

1.2.3 Kreisbewegung (s: 0.57)

33. *F15-1-4* Bei unfallchirurgischen Versorgungen mit Implantaten können Schraubendreher mit einstellbarer Drehmomentbegrenzung zum Einsatz kommen.
Welche physikalische Einheit hat das Drehmoment im Internationalen Einheitensystem (SI)?
(A) kg/m
(B) kp/m
(C) N·m
(D) N/m
(E) N/m^2

34. *H15-1-3* Für die Bewegungsabläufe bei bestimmten Sportarten wie z. B. Eiskunstlauf, Turmspringen und Reckturnen ist der Satz von der Erhaltung des Drehimpulses bedeutsam.
Durch welche der Aussagen lässt sich die Definition des Drehimpulses L am ehesten in Worte fassen?
(A) L ist das Produkt aus Geschwindigkeit und Masse.
(B) L ist das Produkt aus Masse und Beschleunigung.
(C) L ist das Produkt aus Trägheitsmoment und Winkelgeschwindigkeit.
(D) L ist der Quotient aus Masse und Winkelgeschwindigkeit.
(E) L ist der Quotient aus Trägheitsmoment und Winkelgeschwindigkeit.

35. *F16-1-5* Ein Mann hält bei senkrecht nach unten angelegtem Oberarm und waagrechtem Unterarm ein Gewicht der Masse mG mit der Hand. Vereinfacht stelle Unterarm/Hand einen (gewichtslosen) Hebel von 40 cm Länge mit dem Ellenbogen als Drehgelenk dar, an dem die Oberarmmuskulatur (dem Betrage nach) ein Drehmoment von 40 N·m ausübt.
Etwa welche Masse kann der Mann dann halten?
(A) $m_G \approx 10$ kg
(B) $m_G \approx 16$ kg
(C) $m_G \approx 32$ kg
(D) $m_G \approx 40$ kg
(E) $m_G \approx 64$ kg

36. *H14-1-3* Ein Leuchtpunkt, der von einem Probanden mit bloßem Auge beobachtet wird, erzeugt durch Beugung an seiner Pupille ein Beugungsscheibchen auf der Netzhaut. Dieses Beugungsscheibchen hat einen Öffnungswinkel von etwa $1{,}5 \cdot 10^{-4}$ rad. Der Abstand zwischen Pupille und Netzhaut beträgt 22 mm.
Etwa welchen Durchmesser hat das Beugungsscheibchen auf der Netzhaut?
(A) 150 nm
(B) 700 nm
(C) 3,3 µm
(D) 3,3 mm
(E) 7 mm

1.2.4 Arbeit, Energie und Leistung (s: 0.58)

37. *F13-1-7* Ein Stabhochspringer erreicht beim Anlauf eine maximale Geschwindigkeit von 9 m/s. Die kinetische Energie seines Körpers bei dieser Geschwindigkeit wandelt er mittels des Sprungstabs durch entsprechende Technik vollständig in Höhenenergie seines Körpers um. (Nicht zu berücksichtigen ist, dass der Springer z. B. durch Muskelkräfte vor dem Loslassen des Stabes – gleichsam Handstand am senkrecht stehenden Stab – noch zusätzliche Höhe gewinnen kann.)
Unter diesen Annahmen liegt die Höhe, um die er seinen Schwerpunkt anheben kann, am nächsten bei:
(A) 3,5 m
(B) 4,0 m
(C) 4,5 m
(D) 5,0 m
(E) 5,5 m

38. *F16-1-7* Ein Zweierbob der Männer mit einer Gesamtmasse (einschl. Besatzung) von 360 kg erreicht auf einer Geraden eine Geschwindigkeit von 120 km/h.
Wie groß ist die kinetische Energie, die in dieser Bewegung steckt?
(A) 3 kJ
(B) 55 kJ
(C) 120 kJ
(D) 200 kJ
(E) 333 kJ

Arbeit, Energie und Leistung (s: 0.58)

39. *H12-1-5* Wenn ein Proband während des Schwimmens einen durchschnittlichen (Gesamt-)Energieumsatz von 800 W hat, so ergibt dies bei einer halben Stunde Schwimmen eine umgesetzte Energie von
(A) 24 kJ
(B) 48 kJ
(C) 144 kJ
(D) 480 kJ
(E) 1 440 kJ

40. *F13-1-2* Mithilfe eines Fahrrad-Ergometers lässt sich eine von einem Menschen abgegebene Leistung bestimmen.
Die dabei gemessene physikalische Größe „Leistung" ist
(A) Arbeit mal Zeit
(B) Arbeit pro Zeit
(C) Kraft mal Weg
(D) Kraft mal Zeit
(E) Masse geteilt durch Geschwindigkeit

41. *H13-1-4* Bei der Tour de France ist die Bergankunft in L'Alpe d'Huez eine Attraktion für die Zuschauer. Spitzenfahrer schaffen den Anstieg vom Fuß des Berges bis zur Bergankunft mit einem Höhenunterschied von etwa 1 120 m in etwa 40 Minuten. Die Masse eines Fahrers einschließlich Fahrrad und Ausrüstung sei etwa 60 kg. Die Fallbeschleunigung beträgt etwa 10 m/s².
Etwa welche durchschnittliche mechanische Leistung muss also der Fahrer allein zur Überwindung des Höhenunterschieds erbringen (wenn also Reibung und dergleichen vernachlässigt werden)?
(A) 32 W
(B) 180 W
(C) 280 W
(D) 550 W
(E) 19 kW

42. *F14-1-6* Welche mittlere mechanische Leistung erbringt ein Sprinter, indem er (nahezu horizontal und bei vernachlässigbar kleiner Luftreibung) seine Körpermasse von 80 kg innerhalb von 4,0 s von 0 m/s auf 10 m/s beschleunigt?
(A) 20 W
(B) 40 W
(C) 0,2 kW
(D) 1,0 kW
(E) 3,2 kW

43. *H14-1-5* Ein (einschließlich Ausrüstung) 70 kg schwerer Wanderer steigt um 1 200 Höhenmeter hinauf.
Die (physikalische) Leistung, die im Mittel erforderlich ist, um diese Hubarbeit innerhalb von 3,5 Stunden zu erbringen, liegt am nächsten bei
(A) 67 W
(B) 240 W
(C) 670 W
(D) 2 400 W
(E) 4 000 W

44. *F16-1-6* Ein trainierter Radfahrer, der eine Gesamtmasse (einschl. Fahrrad) von 80 kg mit gleichförmiger Geschwindigkeit bewegt, erbringt eine mechanische Leistung von 400 W über einen Zeitraum von 10 Minuten zur Überwindung einer Höhendifferenz. (Reibungsverluste bleiben unberücksichtigt.)
Etwa welche Höhendifferenz überwindet der Radfahrer dadurch?
(A) 5 m
(B) 50 m
(C) 300 m
(D) 400 m
(E) 500 m

45. *F17-1-3* Eine Wanderin mit einer Körpermasse von 50 kg steigt von Meereshöhe 1 000 m hinauf. Ein wesentlicher Grund für ihren erhöhten Energieumsatz im Vergleich zu einer Wanderung in der Ebene liegt in der Zunahme ihrer potentiellen Energie (Lageenergie) beim Aufstieg.
Durch den Aufstieg ändert sich ihre potentielle Energie (Lageenergie) um etwa
(A) 0,5 kJ
(B) 5 kJ
(C) 50 kJ
(D) 500 kJ
(E) 5 000 kJ

Physik

1.3 Mechanik von Flüssigkeiten und Gasen (s: 0.52)

1.3.1 Makroskopische Beschreibung von Flüssigkeiten und Gasen (s: 0.54)

46. H14-1-1 In einem Hohlorgan eines Patienten sind 0,5 kg Flüssigkeit, deren (Massen-)Dichte näherungsweise so groß wie die von Wasser ist. Etwa welches Volumen enthält dieses Hohlorgan?
(A) 500 mm³
(B) 500 cm³
(C) 0,05 m³
(D) 0,5 m³
(E) 50 m³

47. H12-1-6 Um die Einwirkung eines Eishockey-Pucks auf ein ungeschütztes Körperteil abzuschätzen, werden folgende Annahmen gemacht: Ein (mit etwas mehr als 120 km/h) fliegender Puck (der Masse 170 g) hat 100 J kinetische Energie. Er wird auf einer Strecke von 2,5 cm gleichförmig bis zum Stillstand abgebremst, wobei er gleichmäßig auf eine (rechtwinklig zur Aufprallrichtung befindliche) Fläche von etwa 40 cm² einwirkt. Etwa wie groß ist somit der vom Puck während des Aufpralls erzeugte Druck?
(A) 1 kPa
(B) 10 kPa
(C) 100 kPa
(D) 1 MPa
(E) 10 MPa

48. F16-1-4 Millimeter-Quecksilbersäule (mmHg) ist für den Blutdruck und den Druck anderer Körperflüssigkeiten eine in Deutschland gesetzlich zugelassene Einheit. Dies ist jedoch keine SI-Einheit. Eine SI-Einheit für den Druck ist
(A) $kg \cdot m^{-1} \cdot s^{-2}$
(B) Meter Quecksilbersäule (mHg)
(C) $N \cdot m^2$
(D) $Pa \cdot m^{-2}$
(E) $Pa \cdot s$

49. H16-1-5 Die Druckbelastung des Oberschenkelknochens beim Laufen soll abgeschätzt werden. Dazu werden folgende Annahmen gemacht: Der Oberschenkelknochen eines Menschen bricht bei einer Druckbelastung mit einer Kraft von F_{Bruch} = 56 kN. Beim Laufen erfährt der Oberschenkelknochen maximal eine Druckbelastung mit einer Kraft von F_{Laufen}, die etwa dem Vierfachen des Körpergewichts entspricht. Die Masse des Menschen beträgt 70 kg.

Etwa wie groß ist dann das Verhältnis von F_{Bruch} zu F_{Laufen}?
(A) 2 : 1
(B) 5 : 1
(C) 8 : 1
(D) 20 : 1
(E) 80 : 1

1.3.2 Strömungslehre (s: 0.52)

50. H13-1-115 In einem Modell des menschlichen Blutkreislaufs wird ein 10 cm langes Rohr mit dem Innendurchmesser 5 mm (bei kreisförmigem Querschnitt) durch zwei parallel geschaltete (jeweils ebenfalls 10 cm lange) Rohre mit jeweils einem Innendurchmesser von 2,5 mm ersetzt. Es liege jeweils laminare Strömung derselben newtonschen Flüssigkeit vor, und die antreibende Druckdifferenz werde konstant gehalten. Dann gilt für den Volumenstrom (die Volumenstromstärke) $\dot{V}_2$ durch die beiden dünnen Rohre gemeinsam im Vergleich zum vorherigen Volumenstrom $\dot{V}_1$ durch das dickere Rohr:
(A) $\dot{V}_2 = \frac{1}{8} \dot{V}_1$
(B) $\dot{V}_2 = \frac{1}{2} \dot{V}_1$
(C) $\dot{V}_2 = \dot{V}_1$
(D) $\dot{V}_2 = 2 \dot{V}_1$
(E) $\dot{V}_2 = 4 \dot{V}_1$

51. F15-1-124 In einem Modell des menschlichen Blutkreislaufs befindet sich ein (starres) Rohr der Länge l mit kreisförmiger Querschnittsfläche. Das Rohr wird von einer (newtonschen) Blut-Ersatzflüssigkeit laminar durchströmt.
Wie wirkt sich die Länge l des Rohrs (bei unveränderter Querschnittsfläche) auf seinen Strömungswiderstand aus?
Der Strömungswiderstand ist (direkt) proportional zu
(A) l^{-1}
(B) $l^{1/2}$
(C) l
(D) l^2
(E) $8l4$

52. *F17-1-5* Hinter ein Röhrchen mit dem Innendurchmesser $d_1 = 2$ mm wird ein gleich langes Röhrchen mit dem Innendurchmesser $d_2 = 4$ mm in Reihe (Serie) geschaltet. (Der Querschnitt der Röhrchen ist kreisförmig.)
Der Gesamt-Strömungswiderstand dieses Systems beträgt bei Gültigkeit des Hagen-Poiseuille-Gesetzes
(A) 17/16 des ursprünglichen Werts
(B) 5/4 des ursprünglichen Werts
(C) 3/2 des ursprünglichen Werts
(D) das Doppelte des ursprünglichen Werts
(E) das Vierfache des ursprünglichen Werts

53. *F13-1-8* Etwa welche Zugkraft hält eine Sehne gerade noch aus, ohne zu reißen, wenn sie Zugspannungen bis etwa 100 N/mm² verträgt und dabei senkrecht zur Spannungsrichtung eine kreisförmige Querschnittsfläche mit einem Durchmesser von etwa 8 mm hat?
(A) 50 N
(B) 80 N
(C) 800 N
(D) 1 000 N
(E) 5 000 N

54. *F13-1-9* In einem Modell des menschlichen Blutkreislaufs wird ein 20 cm langes Rohr mit der (kreisförmigen) Querschnittsfläche 30 mm² durch zwei parallel geschaltete (jeweils ebenfalls 20 cm lange) Rohre mit jeweils einer Querschnittsfläche von 15 mm² ersetzt. Es liege jeweils laminare Strömung derselben newtonschen Flüssigkeit vor, und die antreibende Druckdifferenz werde konstant gehalten.
Dann gilt für den Volumenstrom (die Volumenstromstärke) $\dot{V}_2$ durch die beiden dünneren Rohre gemeinsam im Vergleich zum vorherigen Volumenstrom $\dot{V}_1$ durch das dickere Rohr:
(A) $\dot{V}_2 = ¼ \, \dot{V}_1$
(B) $\dot{V}_2 = ½ \, \dot{V}_1$
(C) $\dot{V}_2 = \dot{V}_1$
(D) $\dot{V}_2 = 2 \, \dot{V}_1$
(E) $\dot{V}_2 = 4 \, \dot{V}_1$

55. *F14-1-4* Bei einem Patienten befindet sich in einer (unverzweigten) Arterie eine Engstelle (Stenose). Die Querschnittsfläche des Blutgefäßes ist dort (im Vergleich zu davor und dahinter) um 20 % reduziert.
In der Engstelle ist die mittlere Strömungsgeschwindigkeit
(A) 25 % geringer als hinter der Engstelle
(B) 20 % geringer als hinter der Engstelle
(C) 20 % geringer als vor der Engstelle
(D) genau so groß wie hinter der Engstelle
(E) 25 % höher als vor der Engstelle

56. *F16-1-8* In einem Modell des menschlichen Blutkreislaufs befindet sich ein Rohr mit der Querschnittsfläche A_1 und dem Strömungsleitwert G_1. (Leitwert ist der Kehrwert des Widerstands.)
Dieses Rohr wird zu Demonstrationszwecken durch drei parallele Rohre ersetzt, die jeweils die gleiche Länge wie das ursprüngliche Rohr besitzen. Jedes der drei parallel geschalteten Rohre hat die Querschnittsfläche $A_1/3$, sodass die Summe ihrer Querschnittsflächen genauso groß wie die Querschnittsfläche A_1 des ursprünglichen Rohrs ist. Die drei parallel geschalteten Rohre haben gemeinsam den Strömungsleitwert G_{Ersatz}.
Alle Rohre haben jeweils kreisförmigen Querschnitt und werden laminar von newtonscher Flüssigkeit durchströmt.
Dann gilt am ehesten:

(A) $G_{Ersatz} = \frac{1}{3} \cdot G_1$

(B) $G_{Ersatz} = \frac{1}{\sqrt{3}} \cdot G_1$

(C) $G_{Ersatz} = G_1$

(D) $G_{Ersatz} = \sqrt{3} \cdot G_1$

(E) $G_{Ersatz} = 3 \cdot G_1$

57. *H16-1-1* Etwa wie viele Keime sind auf einer Handfläche, wenn sich dort 2 Keime/ mm² befinden und vereinfachend die Handfläche als kreisförmig mit einem Radius von 4 cm angesehen wird?
(A) 24
(B) 100
(C) 1 000
(D) 2 400
(E) 10 000

Physik

58. *H16-1-123* In einem Modell des Blutkreislaufs fließt laminar newtonsche Flüssigkeit durch starre Rohre mit kreisförmigem Querschnitt.
R_1 ist der Strömungswiderstand durch ein 20 cm langes Rohr mit 10 mm Innendurchmesser.
R_2 ist der gemeinsame Strömungswiderstand zweier parallel geschalteter Rohre, von denen jedes ebenfalls eine Länge von 20 cm, jedoch nur einen Innendurchmesser von 5 mm aufweist.
Etwa wie groß ist das Verhältnis $R_1 : R_2$?
(A) 1 : 16
(B) 1 : 8
(C) 1 : 4
(D) 1 : 1
(E) 2 : 1

59. *H15-1-101* Ein Proband erzeugt 1 Sekunde lang einen (näherungsweise konstanten) Druckunterschied Δp über die Atemwege, sodass innerhalb dieser Sekunde ein Gasvolumen von 500 cm³ durch die Atemwege strömt. Die Strömung des Atemgases in den Atemwegen wird vereinfacht als laminare Fluidströmung betrachtet. Der Gesamtströmungswiderstand der Atemwege beträgt etwa $2 \cdot 10^5$ Pa·s/m³.
Etwa wie groß ist somit Δp?
(A) 0,4 Pa
(B) 100 Pa
(C) 400 Pa
(D) 100 000 Pa
(E) 400 000 Pa

60. *H13-1-114* An einer Stelle der Aorta ergeben die Sonographie und das Ultraschall-Doppler-Verfahren bei nahezu kreisförmigem Querschnitt einen Innendurchmesser von d = 20 mm und eine mittlere Strömungsgeschwindigkeit von v = 20 cm/s.
Etwa wie groß ist der sich hieraus ergebende Volumenstrom (Volumenstromstärke)?
(A) 4,0 cm³/s
(B) 13 cm³/s
(C) 31 cm³/s
(D) 40 cm³/s
(E) 63 cm³/s

61. *H14-1-119* Durch ein arterielles Blutgefäß eines Patienten fließen 6 L Blut/min. Der innere Radius dieses (im Querschnitt nahezu kreisförmigen) Gefäßabschnittes beträgt 0,8 cm.
Etwa wie groß ist die mittlere Strömungsgeschwindigkeit in diesem Gefäßabschnitt?
(A) 5 cm/s
(B) 10 cm/s
(C) 0,5 m/s
(D) 3 m/s
(E) 5 m/s

62. *F17-1-6* Unter Einsatz einer Kombination aus Ultraschall- und Ultraschall-Doppler-Sonographie werden bei einer Arterie zugleich die Querschnittsfläche A = 0,5 cm² und die mittlere Strömungsgeschwindigkeit v = 0,2 m/s bestimmt.
Wie groß ist die Volumenstromstärke (der Volumenstrom) in diesem Blutgefäß?
(A) 2,5 cm³/s
(B) 3,14 cm³/s
(C) 5 cm³/s
(D) 10 cm³/s
(E) 20 cm³/s

1.4 Wärmelehre (s: 0.62)
1.4.1 Zustandsgrößen und Stoffeigenschaften (s: 0.6)

63. *H12-1-8* Bei einer Ultraschalluntersuchung wird in den äußeren Schichten eines Gewebes eine Schall-Leistung pro Volumen von 42 $\frac{mW}{cm^3}$ deponiert. Das Gewebe hat näherungsweise dieselbe Dichte und Wärmekapazität wie Wasser. Die spezifische Wärmekapazität des Wassers beträgt etwa 4,2 $\frac{kJ}{kg \cdot K}$.
Etwa wie stark erhöht sich die Temperatur dieses Gewebes, wenn das Gewebe eine Minute lang bestrahlt wird und von Wärmetransport abgesehen werden kann?
(A) 0,006 K
(B) 0,01 K
(C) 0,06 K
(D) 0,1 K
(E) 0,6 K

64. *F13-1-1* Ein Proband gibt bei leichter körperlicher Tätigkeit etwa 480 kJ pro Stunde in Form von Wärme ab. Dies geschieht nahezu ausschließlich durch Verdunstung von Wasser, da die Umgebungstemperaturen etwa so hoch wie die Hauttemperatur sind. Die spezifische Verdampfungswärme von Wasser beträgt etwa 2,4 MJ/kg.
Etwa wie viel Wasser benötigt er hierzu pro Stunde?
(A) 0,1 L
(B) 0,2 L
(C) 0,4 L

(D) 1 L
(E) 2 L

65. *H13-1-2* Die Körpertemperatur des Menschen in Ruhe hat im Allgemeinen in der späten Nacht bzw. am frühen Morgen einen Tiefpunkt, der etwa 1 °C tiefer liegt als der im Tagesverlauf erreichte Höchstpunkt.
Zur Abschätzung der Energie zur Anhebung der Körpertemperatur werden folgende Annahmen gemacht:
Von dieser Energie geht nichts durch (vermehrten) Wärmeabstrom des Körpers verloren.
Die gesamte Körpermasse von 80 kg wird (ohne zwischenzeitliche Abnahme der Körpertemperatur) um 1 °C erwärmt.
Die spezifische Wärmekapazität des Körpers beträgt $4 \frac{kJ}{kg \cdot K}$.
Etwa welcher Anteil einer täglichen Energiezufuhr von 10 MJ muss somit aufgewendet werden, um einmal täglich die Körpertemperatur um 1 °C zu erhöhen?
(A) 0,003 %
(B) 0,005 %
(C) 3 %
(D) 5 %
(E) 30 %

66. *F14-1-5* Zur Schätzung der thermischen Wirkung der von einem Handy ausgehenden elektromagnetischen Wellen wird folgende Annahme gemacht:
Eine Strahlung von 2 W wird in 1 kg menschlichen Gewebes vollständig in thermische Energie umgewandelt, wobei das Gewebe mit einer spezifischen Wärmekapazität von 3 kJ·kg^{-1}·K^{-1} ansonsten weder Wärme erzeugt noch mit der Umgebung austauscht.
Wie groß ist unter diesen Bedingungen die Temperaturzunahme nach 2 min?
(A) 0,012 °C
(B) 0,02 °C
(C) 0,08 °C
(D) 0,16 °C
(E) 0,6 °C

67. *F15-1-8* Die elektromagnetische Strahlung, die ein Mobilfunktelefon abstrahlt, kann im bestrahlten Gewebe absorbiert werden. Zur Abschätzung der thermischen Wirkung wird angenommen:

Die absorbierte Strahlung bezogen auf die Masse des bestrahlten Gewebes beträgt maximal $2 \frac{W}{kg}$. Sie wird im Gewebe vollständig in Wärme umgewandelt. Die spezifische Wärmekapazität des Gewebes beträgt hierbei $3 \frac{kJ}{kg \cdot K}$. Sonstige Wärmebildung des Gewebes und Wärmeaustausch mit der Umgebung werden nicht berücksichtigt.
Etwa wie stark wird sich die Temperatur des Gewebes somit maximal erhöhen, wenn die Bestrahlungsdauer 10 Minuten beträgt?
(A) 0,0006 K
(B) 0,006 K
(C) 0,04 K
(D) 0,4 K
(E) 0,6 K

68. *H15-1-6* Bei einer Mikrowellentherapie wird die Strahlungsleistung der Mikrowelle im Gewebe absorbiert und in Wärme umgewandelt. Vereinfachend wird angenommen, dass die spezifische Wärmekapazität des bestrahlten Gewebes etwa $4 \frac{kJ}{kg \cdot K}$ beträgt und keine sonstigen Wärmeströme zu berücksichtigen sind.
Etwa welche Temperaturerhöhung erfährt dann ein Gewebe mit 3 kg Masse, wenn es mit einer Leistung von 100 W für 5 Minuten bestrahlt wird?
(A) 0,0025 K
(B) 0,4 K
(C) 2,5 K
(D) 4 K
(E) 7,5 K

69. *H16-1-130* Der Körper eines Mannes in Ruhe werde nahezu vollständig wärmeisoliert. Sein Energieumsatz bleibe konstant etwa 100 W. Der Körper habe eine Masse von 100 kg und eine spezifische Wärmekapazität von etwa $4 \frac{kJ}{kg \cdot K}$.
(Temperatur und Wärmebildung seien näherungsweise in allen Körperteilen gleich.)
Etwa in welcher Zeit steigt unter diesen Annahmen die Körpertemperatur um 1 °C an?
(A) ½ Stunde
(B) 1 Stunde
(C) 2 Stunden
(D) 4 Stunden
(E) 6 Stunden

70. **F17-1-7** Ein Proband setzt während einer starken körperlichen Belastung insgesamt eine Leistung von 1 200 W vollständig in Körperwärme um. Vereinfachend wird angenommen, dass sich seine Körpermasse von 60 kg gleichmäßig erwärmt, keinerlei Kühlung des Körpers (durch Verdunsten, Wärmeleitung, Wärmestrahlung) möglich ist und die spezifische Wärmekapazität des Körpers (ähnlich der des Wassers) etwa 4 kJ·kg^{-1}·K^{-1} beträgt.
Etwa wie rasch steigt dann die Körpertemperatur an?
(A) 0,005 K/min
(B) 0,3 K/min
(C) 3,3 K/min
(D) 5 K/min
(E) 300 K/min

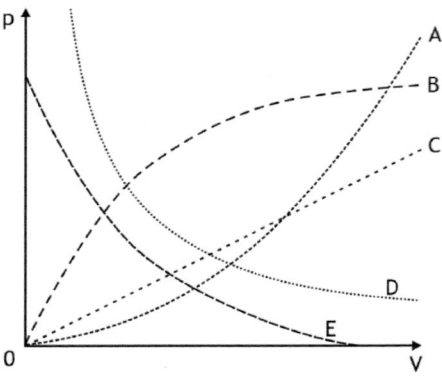

1.4.2 Ideale Gase (s: 0.69)

71. **H13-1-3** Das Atemgas Luft wird mithilfe der Zustandsgrößen p (Druck in Pa), T (Temperatur in K) und V (Volumen in m³) beschrieben.
Im Rahmen des Modells des idealen Gases gilt für die Zustandsgrößen einer Luft-Stoffmenge in guter Näherung:
(A) $p \cdot T \cdot V$ = const.
(B) $p^{-1} \cdot T \cdot V$ = const.
(C) $p \cdot T^{-1} \cdot V$ = const.
(D) $p \cdot T^{-1} \cdot V^{-1}$ = const.
(E) $p \cdot T^{-2} \cdot V$ = const.

72. **F16-1-9** Das Atemgas Luft kann gut mit dem Modell des idealen Gases beschrieben werden. Hier soll der Fall der isothermen Zustandsänderung betrachtet werden.
Welche der Kurven A bis E in der Schemazeichnung gibt den Zusammenhang zwischen den Zustandsgrößen Druck p und Volumen V im Rahmen des Modells am besten wieder?
(Die Koordinatenachsen sind linear skaliert.)

1.5 Struktur der Materie (s: 0.8)
1.5.1 Atome (s: 0.8)

73. **H15-1-5** Das Isotop $^{125}_{53}$I wird unter anderem bei immunchemischen Radioassays verwendet. Dieses Isotop hat
(A) 53 Protonen
(B) 53 Nukleonen
(C) 72 Nukleonen
(D) 125 Elektronen
(E) 125 Protonen

74. **F16-1-24** $^{35}_{16}$S zerfällt mit einer Halbwertszeit von etwa 87 Tagen zu $^{35}_{17}$Cl.
Welche Aussage lässt sich daraus ableiten?
(A) $^{35}_{16}$S enthält 35 Elektronen.
(B) $^{35}_{17}$Cl enthält 17 Neutronen.
(C) Beim Zerfall von $^{35}_{16}$S entstehen α-Strahlen.
(D) Beim Zerfall von $^{35}_{16}$S werden Positronen ausgesandt.
(E) Beim Zerfall von $^{35}_{16}$S wird ein Neutron in ein Proton umgewandelt.

75. **F14-1-14** Radioaktive Nuklide können u. a. zur Untersuchung der Resorption eines Pharmakons als Tracer eingesetzt werden.
Zwei Nuklide bezeichnet man als isotope Nuklide (Isotope), wenn sie die gleiche
(A) Kernladungszahl und die gleiche Nukleonenzahl haben
(B) Kernladungszahl und unterschiedliche Nukleonenzahlen haben
(C) Massenzahl haben
(D) Neutronenzahl und unterschiedliche Kernladungszahlen haben
(E) Neutronenzahl und unterschiedliche Nukleonenzahlen haben

Elektrizitätslehre (s: 0.61)

1.6 Elektrizitätslehre (s: 0.61)
1.6.1 Elektrostatik (s: 0.63)

76. *H13-1-6* Der gerichtete Materialtransport wird auf zellulärer Ebene zu einem großen Teil durch elektrische Kräfte auf geladene Teilchen (Ionen) bewirkt.
Der (absolute) Betrag der beschleunigenden Coulomb-Kraft auf das einzelne Ion hängt ab von
(A) dem Radius des Ions
(B) der Beweglichkeit des Ions
(C) der Krümmung der Feldlinie am Ort des Ions
(D) der Masse des Ions
(E) der Stärke des elektrischen Feldes am Ort des Ions

1.6.2 Elektrischer Strom (s: 0.51)

77. *H13-1-7* Mit einem Defibrillator wird bei Kammerflimmern ein elektrischer Stromstoß an den Körper abgegeben. Vereinfachend soll angenommen werden, dass dabei eine Energie von 200 J übertragen wird, wobei ein konstanter Strom von 20 A für die Dauer von 10 ms fließt.
Wie groß ist dabei die elektrische Spannung?
(A) 1 V
(B) 40 V
(C) 400 V
(D) 1 000 V
(E) 4 000 V

78. *F15-1-12* Das Bordnetz eines Rettungswagens liefert eine elektrische Spannung von 24 V. Eine für den Anschluss an dieses Netz ausgelegte Heizdecke hat eine (Nenn-)Leistung von 60 W. Nun wird diese Heizdecke stattdessen an der Autobatterie eines PKW mit der (Nenn-)Spannung von 12 V betrieben. Die Heizdecke stellt einen elektrischen Widerstand dar, für den (näherungsweise) das ohmsche Gesetz gilt.
Welche Leistung liefert die Heizdecke dann?
(A) 7,5 W
(B) 15 W
(C) 30 W
(D) 48 W
(E) 60 W

79. *H15-1-8* Bei einer Reizstrombehandlung fließt durch das Muskelgewebe ein Strom von I = 20 mA bei einer angelegten Spannung von U = 80 V.
Wie groß ist die elektrische Leistung P, die dabei im Gewebe umgesetzt wird?
(A) 1,6 mW
(B) 40 mW
(C) 0,8 Ws
(D) 1 600 mW
(E) 8 J

80. *H16-1-7* Bei einer Reizstrombehandlung fließt für eine Zeit t = 0,5 s durch das Gewebe ein Strom von I = 20 mA bei einer angelegten Spannung von U = 80 V. Die elektrische Energie E dieses Stromimpulses wird im Gewebe letztlich vollständig in thermische Energie umgesetzt.
Wie groß ist E?
(A) 4 mW
(B) 160 mW
(C) 0,8 W·s
(D) 4 J
(E) 8 J

81. *F17-1-9* Zum Betrieb eines tragbaren Monitors zur Überwachung der Vitalfunktionen steht nach einem Unfall in unwegsamem Gelände nur die vollständig aufgeladene Autobatterie des Krankenwagens zur Verfügung. Die Batterie mit einer Klemmspannung von 12 V hat eine „Kapazität" (verfügbare Ladungsmenge) von 66 A·h. Der Monitor hat laut Typenschild eine Leistungsaufnahme von 24 W bei einer Betriebsspannung von 12 V. Der Monitor wird nicht mehr funktionieren, wenn der Akku 90 % seiner „Kapazität" abgegeben hat. Bis dahin bleibt die Spannung annähernd 12 V. Etwa wie lange kann der Monitor voraussichtlich betrieben werden?
(A) 20 min
(B) 3 h
(C) 30 h
(D) 66 h
(E) 10 d

82. *F15-1-10* In der Zeit t = 2 ms transportiert eine Ionenpumpe 10^9 Ca^{2+}-Ionen durch die Zellmembran. (Elementarladung e ~ $1,6·10^{-19}$ C)
Dies entspricht einer elektrischen Stromstärke I von etwa
(A) 0,016 µA
(B) 0,032 µA
(C) 0,08 µA
(D) 0,16 µA
(E) 3,2 µA

Physik

1.6.3 Gleichstromkreise mit Widerständen (s: 0.71)

83. *H12-1-10* Ein Gerät soll einen elektrischen Strom der Stromstärke 60 mA durch einen Muskel fließen lassen, wobei der Gesamtwiderstand zwischen den Elektroden 500 Ω beträgt.
Welche elektrische Spannung ist dafür nötig?
(A) 1,2 V
(B) 3 V
(C) 12 V
(D) 30 V
(E) 120 V

84. *F13-1-10* Fließt elektrischer 50Hz-Wechselstrom der (Effektiv-)Stromstärke 80 mA für eine bestimmte Zeit zwischen der linken Hand und dem rechten Fuß durch den Körper hindurch, besteht eine beträchtliche Todesgefahr durch Auslösung von Herzkammerflimmern. (Der Blindwiderstand sei Null.)
Welche (Effektiv-)Spannung führt zu dieser Stromstärke, wenn der Widerstand zwischen dem Kontakt an der linken Hand und dem am rechten Fuß 2 kΩ beträgt?
(A) 16 V
(B) 25 V
(C) 40 V
(D) 160 V
(E) 250 V

85. *F14-1-9* Ein Gerät ist so ausgelegt, dass bei Berührung des Geräts maximal eine elektrische Spannung von 25 V anliegen kann. Es wird angenommen, dass der Körperwiderstand (einschl. Übergangswiderstand) zwischen 1,0 kΩ und 2,5 kΩ liegt.
Etwa wie groß ist dann im ungünstigsten Fall der durch den Körper fließende Strom?
(A) 1 mA
(B) 10 mA
(C) 25 mA
(D) 100 mA
(E) 250 mA

86. *F15-1-11* Zur Optimierung der Feuchtigkeitsversorgung der Haut durch eine Creme werden Leitfähigkeitsmessungen an den betroffenen Hautbereichen durchgeführt.
Bei einer angelegten elektrischen Spannung von U = 12 V stellt sich eine Stromstärke I = 0,6 mA ein. Wie groß ist der elektrische Leitwert G?
(A) 7,2 µΩ
(B) 7,2 µS
(C) 50 µS
(D) 7,2 mS
(E) 5 kΩ

87. *F16-1-13* Ein Muskel befindet sich zwischen zwei auf der Haut angebrachten Elektroden. Ein Gerät zur Elektrostimulation von Muskeln wird an die Elektroden angeschlossen und erzeugt Stimulationsströme.
Es werden folgende Annahmen zur Abschätzung des Stimulationsstroms gemacht:
Die elektrische Spannung zwischen den beiden Elektroden ist 80 V.
Die Übergangswiderstände Elektrode/Haut betragen an jeder der beiden Elektroden 200 Ω.
Der Leitungswiderstand innerhalb des Körpers beträgt 400 Ω.
Welcher Strom fließt dann durch den Körper?
(A) 80 mA
(B) 100 mA
(C) 200 mA
(D) 400 mA
(E) 1 000 mA

88. *H16-1-6* An einem mit einer Wechselspannung von 50 Hz betriebenen Gerät liegt maximal eine Berührungsspannung U_{eff} = 50 V an.
Wie groß ist somit im ungünstigsten Fall der Effektivwert des durch die Berührungsspannung bewirkten Stromes Ieff im Berührungsstromkreis, wenn dort der wirksame Widerstand ein ohmscher Widerstand von 5 kΩ ist?
(A) 1 mA
(B) √2 mA
(C) 2,25 mA
(D) 2,5 mA
(E) 10 mA

89. *F17-1-8* Um einen Muskel zu Kontraktionen anzuregen, wird eine elektrische Reizstromtherapie mit Gleichstrompulsen durchgeführt. Die Stromstärke der Pulse ist 20 mA.
Ein Puls dauert jeweils 200 µs. Der Widerstand zwischen den Elektroden beträgt 500Ω. Die Gültigkeit des ohmschen Gesetzes wird vorausgesetzt.
Wie groß ist somit die an den Elektroden angelegte elektrische Spannung während der Pulse?
(A) 10 V
(B) 20 V
(C) 25 V

(D) 40 V
(E) 100 V

90. *H15-1-7* Zur transkutanen elektrischen Nervenstimulation (TENS) werden zwei Elektroden auf der Haut angebracht. Der elektrische Gesamtwiderstand zwischen den Elektroden lässt sich als Serienschaltung aus drei Widerständen darstellen:
$R_1 = 10$ kΩ (Hautübergangswiderstand)
$R_2 = 100$ Ω (Gewebewiderstand)

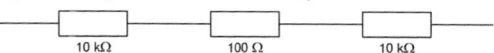

Etwa wie groß ist der elektrische Leitwert dieser Anordnung?
(A) 50 µS
(B) 0,5 mS
(C) 20 mS
(D) 20 S
(E) 20 kS

1.6.4 Gleichstromkreise mit Kondensatoren (s: 0.54)

91. *F17-1-10* Das technische Modell eines Zellmembranabschnitts besteht aus der Kombination eines Widerstands R = 500 kΩ und eines Kondensators C = 20 nF (RC-Glied).
Wie groß ist die Zeitkonstante dieser RC-Schaltung?
(A) 1 ms
(B) 4 ms
(C) 10 ms
(D) 25 ms
(E) 40 ms

92. *F13-1-62* Über eine Membran mit einer Kapazität von 300 pF wird eine elektrische Potentialdifferenz von 60 mV durch (ausschließliche) Verschiebung von K^+-Ionen aufgebaut. Die Elementarladung beträgt etwa $1{,}6 \cdot 10^{-19}$ Coulomb.
Etwa wie viele K^+-Ionen müssen verschoben werden?
(A) 14 Tausend
(B) 320 Tausend
(C) 8 Millionen
(D) 110 Millionen
(E) 9 Milliarden

93. *H13-1-58* Ein etwa 1 µm² großer Abschnitt einer Zellmembran wird als elektrischer Kondensator mit 0,01 pF Kapazität betrachtet. Der zuvor ungeladene Kondensator wird mit tausend einwertigen Ionen geladen (analog dem Durchtritt von 10³ K^+-Ionen durch K^+-Kanäle der Zellmembran). Die Elementarladung beträgt etwa $1{,}6 \cdot 10^{-19}$ Coulomb.
Etwa welche elektrische Spannung zwischen den beiden Kondensatorplatten (analog einer Potentialdifferenz über die Zellmembran) entsteht dadurch als Absolutbetrag
(d. h. ohne + oder -)?
(A) 6 mV
(B) 16 mV
(C) 32 mV
(D) 80 mV
(E) 160 mV

94. *F14-1-54* Extra- und Intrazellulärflüssigkeit sind Elektrolytlösungen, die gemeinsam mit der Zellmembran (Lipiddoppelschicht) einen elektrischen Kondensator bilden. An einem Axonabschnitt bewirkt ein einseitiger Überschuss an einwertigen Kationen eine Potentialdifferenz von 10 mV. Die Kapazität des Axon-Abschnitts beträgt 32 pF.
Etwa wie groß ist dieser Überschuss? (Elementarladung e ≈ $1{,}6 \cdot 10^{-19}$ Coulomb)
(A) $5 \cdot 10^5$ Ionen
(B) $1 \cdot 10^6$ Ionen
(C) $2 \cdot 10^6$ Ionen
(D) $3{,}2 \cdot 10^6$ Ionen
(E) $1{,}6 \cdot 10^7$ Ionen

95. *F16-1-12* Nach einem Ausfall der externen Stromversorgung schalten die Vitalfunktionsmonitore in einer mobilen Operationsstation auf Akkubetrieb um. Die Geräte haben konstant eine Leistungsaufnahme von 48 W bei einer Betriebsspannung von 24 V. Die vollständig nutzbare „Kapazität" (verfügbare Ladungsmenge) der (voll aufgeladenen) Akkus beträgt 4,8 A·h.
Für wie lange reichen nach diesen Angaben die Akkus für eine Einsatzfähigkeit der Geräte aus?
(A) 2,4 h
(B) 4,8 h
(C) 9,6 h
(D) 24 h
(E) 96 h

96. *H12-1-11* Die Elementarladung beträgt etwa $1{,}6 \cdot 10^{-19}$ Coulomb. Eine elektrisch isolierende Zellmembran bildet zusammen mit den Elektrolyten des Intra- und Extrazellulärraums einen Kondensator. Bei einem isolierten Axonabschnitt mit der Kapazität 8 pF strömen nun 100 000 Na^+-Ionen pro Sekunde in die Zelle hinein.
Etwa wie rasch würde sich dadurch die Potentialdifferenz (dem Betrage nach) über die Membran ändern, wenn dabei keine anderen Ionen transmembranär strömen?
(A) 2 mV/s
(B) 6 mV/s
(C) 16 mV/s
(D) 20 mV/s
(E) 60 mV/s

1.6.5 Wechselstrom (s: 0.73)

97. *H14-1-6* Bei der Impedanzkardiographie wird ein elektrischer Wechselstrom der Frequenz 100 kHz durch den Brustraum eines Patienten geschickt und die elektrische Impedanz des Thorax gemessen, aus deren Schwankungen Rückschlüsse auf das Herzschlagvolumen gezogen werden können.
Wie groß ist die Impedanzänderung des Brustraums, wenn bei einem festen Wert der Stromstärke von 1 mA (effektiv) die Spannung um 0,2 mV (effektiv) zunimmt?
(A) 0,2 Ω
(B) 5 Ω
(C) 20 Ω
(D) 100 Ω
(E) 500 Ω

1.7 Schwingungen und Wellen (s: 0.62)
1.7.1 Schwingungen (s: 0.78)

98. *F17-1-1* Nachstehend ist schematisch eine elektroenzephalographische Ableitung über eine Zeit von 3 Sekunden dargestellt:

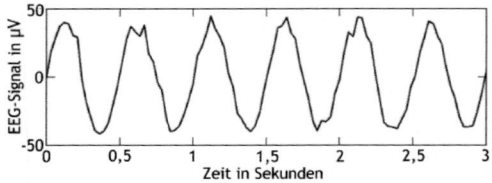

Etwa welche Frequenz hat die gezeigte Schwingung?
(A) 0,5 Hz
(B) 1 Hz
(C) 2 Hz
(D) 3 Hz
(E) 6 Hz

1.7.2 Elektromagnetische Wellen (s: 0.53)

99. *F13-1-14* Bei einem zwei Tage alten Neugeborenen mit schwerer Hyperbilirubinämie wird eine Phototherapie durchgeführt, um Bilirubin in leichter ausscheidbare Derivate zu überführen. Angepasst an das Absorptionsmaximum des Bilirubins wird Licht mit einer Wellenlänge von etwa 460 nm verwendet.
Welche der folgenden Beschreibungen trifft für dieses Licht am ehesten zu?
(A) blaues Licht
(B) gelbes Licht
(C) infrarotes Licht
(D) rotes Licht
(E) ultraviolettes Licht

100. *H13-1-8* Infrarot-Strahlung (IR-Strahlung) hat (in Luft oder Vakuum)
(A) eine Frequenz von etwa 100 MHz
(B) eine größere Wellenlänge als sichtbares Licht
(C) eine höhere Photonenenergie als UV-Strahlung
(D) eine Photonenenergie von etwa 5 eV
(E) eine Wellenlänge von etwa 0,1 μm

101. *F16-1-15* Sichtbarem Licht der Wellenlänge 600 nm (in Luft bzw. Vakuum) entspricht eine Energie des Photons (Lichtquant) von etwa 2 eV. Im Unterschied zu derartiger Strahlung wird ein Photon mit einer Energie von 16 eV üblicherweise zur ionisierenden Strahlung gezählt.
Etwa welche Wellenlänge (in Luft bzw. Vakuum) hat die elektromagnetische Strahlung mit Photonen der Energie 16 eV?
(A) 16 nm
(B) 38 nm
(C) 75 nm
(D) 4 800 nm
(E) 9 600 nm

102. *F17-1-11* Terahertz-Strahlung wird nicht nur bei Körperscannern, sondern auch in Studien zur Krebsfrüherkennung eingesetzt. Terahertz-Strahlung besteht aus elektromagnetischen Wellen mit Frequenzen um 1 THz = $1 \cdot 10^{12}$ Hz.
Etwa welche Wellenlänge hat Terahertz-Strahlung somit?
(Die Abweichung der Wellenlänge im Gewebe gegenüber der Wellenlänge im Vakuum ist hierbei zu vernachlässigen.)
(A) $1 \cdot 10^{-12}$ m
(B) 0,3 nm
(C) 0,3 µm
(D) 0,3 mm
(E) 1 mm

1.7.3 Schallwellen (s: 0.64)

103. *F14-1-8* Ultraschall wird u. a. bei Schwangeren zur sonographischen pränatalen Diagnostik eingesetzt.
Die hierbei in den Körper eingestrahlte Schallintensität (I)
(A) gibt die mit dem Ultraschall transportierte Leistung (P) pro Fläche (A) an
(B) hat die Einheit 1 J/m²
(C) ist proportional zur Amplitude des Schall(wechsel)drucks (p)
(D) ist proportional zur Schwingungsamplitude (ξ) im Gewebe
(E) liegt typischerweise im Bereich einiger Kilowatt pro Quadratzentimeter

104. *H12-1-12* Die Grenze des erreichbaren Auflösungsvermögens ist bei der Sonographie unter anderem von der Wellenlänge des Ultraschalls im Gewebe abhängig.
Bei einer Ultraschall-Frequenz von 8 MHz und einer Ausbreitungsgeschwindigkeit von 1,6 km/s beträgt die Wellenlänge
(A) 0,128 mm
(B) 0,2 mm
(C) 1,28 mm
(D) 2 mm
(E) 5 mm

105. *H12-1-13* Welche der physikalischen Größen zur Beschreibung einer Ultraschallwelle bleibt beim Übergang von Muskelgewebe in Fettgewebe unverändert?
(A) Ausbreitungsgeschwindigkeit
(B) Frequenz
(C) Intensität
(D) Schalldruckamplitude
(E) Wellenlänge

106. *F13-1-11* Bei der Ultraschalldiagnostik im Impuls-Echo-Verfahren (Sonographie) fungiert der Schallkopf als Schallsender und -empfänger. An einer Struktur mit der Entfernung d vom Schallkopf wird der Schall reflektiert. Δt ist die Zeitdifferenz zwischen der Aussendung des Impulses und dem Empfang des an der Struktur des Körpers reflektierten Signals. Die (als konstant angesehene) Schallgeschwindigkeit ist hierbei v.
Dann gilt:
(A) $d = v \cdot \Delta t / 2$
(B) $d = v / \Delta t$
(C) $d = 2 \cdot v / \Delta t$
(D) $d = v \cdot \Delta t$
(E) $d = 2 \cdot v \cdot \Delta t$

107. *F15-1-7* Die Wellenlänge des Schalls im Gewebe ist maßgeblich für das räumliche Auflösungsvermögen eines nach dem Puls-Echo-Verfahren arbeitenden Ultraschallgeräts.
Etwa wie groß muss die Frequenz des Ultraschalls gewählt werden, wenn die Schallgeschwindigkeit im Gewebe etwa 1,5 km/s beträgt und die Wellenlänge etwa 0,2 mm betragen soll?
(A) 2 MHz
(B) 3 MHz
(C) 4 MHz
(D) 7,5 MHz
(E) 30 MHz

108. *F16-1-14* Wie groß ist die Frequenz einer Ultraschallwelle, wenn die Wellenlänge λ = 200 µm und die Schallgeschwindigkeit $c = 1,5 \cdot 10^3$ m/s betragen?
(A) 3 MHz
(B) 7,5 MHz
(C) 13,3 MHz
(D) 30 MHz
(E) 75 MHz

Physik

109. *H16-1-8* Welche der folgenden Kenngrößen einer Ultraschallwelle bleibt beim Übergang des Schalls zwischen zwei verschiedenen Geweben mit unterschiedlicher Schallimpedanz (z. B. von Muskelgewebe zu Fettgewebe) konstant?
(A) Ausbreitungsgeschwindigkeit
(B) Frequenz
(C) Schallintensität
(D) Schall(wechsel)druckamplitude
(E) Wellenlänge

110. *H14-1-98* Schallwellen im menschlichen Hörbereich zeigen in Luft nahezu keine Dispersion. Das bedeutet, dass hohe Töne nahezu die gleiche
(A) Amplitude wie tiefe Töne haben
(B) Ausbreitungsgeschwindigkeit wie tiefe Töne haben
(C) Frequenz wie tiefe Töne haben
(D) Phase wie tiefe Töne haben
(E) Wellenlänge wie tiefe Töne haben

111. *F17-1-12* Etwa in welcher Zeit legt Schall in Luft eine Strecke von 33 cm zurück?
(A) 1 µs
(B) 10 µs
(C) 100 µs
(D) 1 ms
(E) 10 ms

1.8 Ionisierende Strahlung (s: 0.62)
1.8.1 Teilchenstrahlung (s: 0.63)

112. *F15-1-16* In der nicht unumstrittenen medizinischen Radonbalneologie soll die von dem instabilen Kern des Radons ausgehende Strahlung unter anderem das Immunsystem des Menschen beeinflussen. Dabei steht das Radioisotop $^{222}_{86}$Rn im Mittelpunkt, das direkt zu $^{218}_{84}$Po zerfällt. Bei der hierbei emittierten Strahlung handelt es sich in erster Linie um:
(A) Elektronen
(B) Heliumkerne
(C) Myonen
(D) Neutrinos
(E) Positronen

113. *F17-1-15* $^{223}_{88}$Ra, ein in der Radiotherapie genutztes Nuklid, ist ein Alphastrahler. Welches der genannten Nuklide entsteht beim Zerfall?
(A) $^{219}_{86}$Rn
(B) $^{220}_{86}$Rn
(C) $^{222}_{86}$Rn
(D) $^{225}_{89}$Ac
(E) $^{228}_{89}$Ac

114. *H13-1-11* Im Rahmen eines in der Medizin genutzten bildgebenden Verfahrens kann u. a. das radioaktive Isotop $^{13}_{7}$N verwendet werden, das zu $^{13}_{6}$C zerfällt.
Welche Aussage zu $^{13}_{7}$N trifft typischerweise zu?
(A) Bei seinem Zerfall werden Neutronen in Protonen umgewandelt.
(B) Es enthält 13 Neutronen.
(C) Es enthält 6 Protonen.
(D) Es sendet beim Zerfall β⁺-Strahlen aus.
(E) Es sendet beim Zerfall β⁻-Strahlen aus.

115. *F14-1-16* Radioaktives Natriumphosphat, das das instabile Nuklid $^{32}_{15}$P enthält, kann bei speziellen Indikationen in der nuklearmedizinischen Therapie eingesetzt werden.
$^{32}_{15}$P zerfällt mit einer Halbwertszeit von etwa 14 Tagen in $^{32}_{16}$S.
Welche therapeutisch relevanten Teilchen werden bei diesem Zerfall aus dem Atomkern emittiert?
(A) Elektronen
(B) v_e-Neutrinos
(C) Neutronen
(D) Positronen
(E) Protonen

116. *F16-1-25* Bei der Positronenemissionstomographie (PET) kommt unter anderem das Radionuklid $^{11}_{6}$C zum Einsatz.
Dieses Isotop des Kohlenstoffs zerfällt unter Emission eines Positrons zu
(A) $^{9}_{4}$Be
(B) $^{10}_{5}$B
(C) $^{11}_{5}$B
(D) $^{10}_{6}$C
(E) $^{12}_{6}$C

117. *H16-1-11* Im Rahmen eines in der Medizin genutzten bildgebenden Verfahrens wird das radioaktive Isotop $^{13}_{7}N$ verwendet, das zu $^{13}_{6}C$ zerfällt. Welche Aussage zu $^{13}_{7}N$ trifft typischerweise zu?
(A) Bei seinem Zerfall werden Neutronen in Protonen umgewandelt.
(B) Es enthält 13 Neutronen.
(C) Es enthält 6 Protonen.
(D) Es sendet beim Zerfall β⁻-Strahlen aus.
(E) Der Zerfall führt zum Abbau eines Protonenüberschusses im Kern.

118. *F13-1-20* Die Aktivität eines radioaktiven Präparates nehme mit der Zeit folgendermaßen ab:

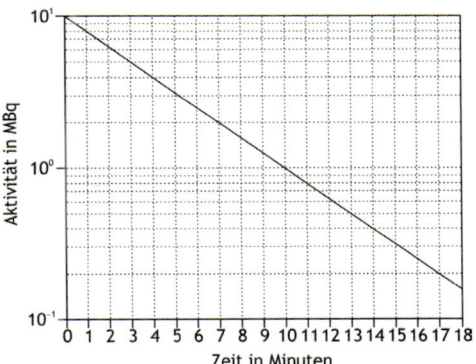

Etwa wie groß ist die Halbwertzeit dieses Präparates?
(A) 3 Minuten
(B) 7 Minuten
(C) 9 Minuten
(D) 10 Minuten
(E) 18 Minuten

119. *F14-1-15* Bei der sog. stereotaktischen Radiochirurgie von Hirntumoren mit dem Gamma-Knife wird ^{60}Co als Radionuklid eingesetzt. Das instabile Nuklid zerfällt mit einer Halbwertzeit von etwa 5,26 Jahren unter Emission eines Elektrons (sowie eines Antineutrinos) und zweier γ-Quanten in das stabile Nuklid ^{60}Ni. Etwa nach welcher Zeit ist die Aktivität der Quelle auf 25 % abgesunken?
(A) 1,3 Jahre
(B) 10,5 Jahre
(C) 21 Jahre
(D) 131 Jahre
(E) 526 Jahre

120. *H14-1-10* Das Isotop ^{15}O des Sauerstoffs wird in der PET (Positronenemissionstomographie) eingesetzt. Es hat eine Halbwertzeit von etwa 2 min. Etwa wie viele zerfallsfähige Atomkerne des Isotops sind ausgehend von $1 \cdot 10^{12}$ nach 20 min noch vorhanden?
(A) $4 \cdot 10^{8}$
(B) $1 \cdot 10^{9}$
(C) $2 \cdot 10^{10}$
(D) $5 \cdot 10^{11}$
(E) $1 \cdot 10^{12}$

121. *H13-1-12* Metastabiles Technetium (Tc-99m), ein in der Nuklearmedizin relativ häufig verwendetes Radionuklid, geht mit einer Halbwertzeit von 6 h durch isomere Umwandlung in den Grundzustand über.
Etwa nach welcher Zeit sind nur noch etwa 0,8 % des angeregten Technetiums vorhanden?
(A) 36 h
(B) 42 h
(C) 48 h
(D) 60 h
(E) 180 h

122. *F15-1-15* Ein Patient erhält intravenös für eine Schilddrüsenszintigraphie metastabiles Radionuklid ^{99m}Tc als Pertechnetat in einer Aktivität von (zu Beginn) 75 MBq. ^{99m}Tc ist ein nahezu reiner γ-Strahler mit einer sog. mittleren Lebensdauer von etwa $3 \cdot 10^{4}$ s.
Etwa wie viele Atomkerne des ^{99m}Tc werden somit verabreicht?
(A) $2 \cdot 10^{3}$
(B) $4 \cdot 10^{3}$
(C) $3 \cdot 10^{7}$
(D) $4 \cdot 10^{9}$
(E) $2 \cdot 10^{12}$

123. *H15-1-11* Bei einer Radioiodtherapie wird NaI verabreicht, das ^{131}I mit einer Aktivität von knapp 4 GBq enthält. Beim Zerfall geht 131I in einen stabilen Tochterkern über. Die sog. mittlere Lebensdauer von ^{131}I beträgt etwa 10^{6} s.
Etwa wie viele ^{131}I-Atomkerne werden also verabreicht?
(A) $2,5 \cdot 10^{3}$
(B) $4 \cdot 10^{3}$
(C) $2,5 \cdot 10^{5}$
(D) $2,5 \cdot 10^{9}$
(E) $4 \cdot 10^{15}$

Physik

124. *F16-1-17* Ein nennenswerter Anteil der natürlichen Strahlenbelastung des Menschen ist durch den Zerfall von Kalium-40 ($^{40}_{19}K$) im Körper verursacht. Ein kräftiger Mann enthält etwa 0,02 g Kalium-40. Die sog. mittlere Lebensdauer T von Kalium-40 beträgt etwa 10^{15} min.
Etwa wie viele Zerfälle von Kalium-40 finden demnach pro Minute im Körper statt?
(A) $5 \cdot 10^{-19}$
(B) $2 \cdot 10^{-17}$
(C) $5 \cdot 10^{3}$
(D) $3 \cdot 10^{5}$
(E) $1,2 \cdot 10^{7}$

125. *H16-1-10* Im Körper eines Patienten wurde ein radioaktives Nuklid mit der Anfangsaktivität 512 MBq eingelagert. Die physikalische Halbwertszeit des Radionuklids beträgt 6 h.
Nach welcher Zeit ist die Aktivität des Radionuklids im Körper allein durch radioaktiven Zerfall auf 2 MBq abgefallen (also unter der Annahme, dass währenddessen keine Ausscheidung des Radionuklids aus dem Körper erfolgt)?
(A) 42 h
(B) 48 h
(C) 54 h
(D) 60 h
(E) 66 h

126. *F17-1-16* Für welche der folgenden SI-Einheiten steht bei der Aktivität radioaktiver Substanzen die Einheit 1 Bq (Becquerel)?
(A) $1\ C \cdot kg^{-1} \cdot s^{-1}$
(B) $1\ J \cdot kg^{-1}$
(C) $1\ J \cdot kg^{-1} \cdot s^{-1}$
(D) $1\ J \cdot s^{-1}$
(E) $1\ s^{-1}$

1.8.2 Photonenstrahlung (s: 0.64)

127. *F13-1-18* Radioaktives ^{99m}Tc ($^{99}_{43}Tc^*$) spielt als γ-Strahler in der Nuklearmedizin eine wichtige Rolle. Die metastabilen Atomkerne gehen unter Aussendung jeweils eines γ-Quants typischerweise über in Atomkerne mit
(A) um eins verminderter Kernladungszahl und um eins verminderter Neutronenzahl
(B) um eins verminderter Kernladungszahl und unveränderter Neutronenzahl
(C) unveränderter Kernladungszahl und unveränderter Neutronenzahl
(D) um eins erhöhter Kernladungszahl und um eins verminderter Neutronenzahl
(E) um eins erhöhter Kernladungszahl und unveränderter Neutronenzahl

128. *F15-1-17* Welche der hier genannten in Diagnose bzw. Therapie eingesetzten Strahlungsarten zählt zu den ionisierenden Strahlungen?
(A) Gammastrahlung (bei der Szintigraphie)
(B) Infrarotstrahlung (bei der Thermographie)
(C) Radiowellen (bei der Magnetresonanztomographie)
(D) sichtbares Licht (bei der Lichttherapie)
(E) Ultraschall (bei der Ultraschalldopplersonographie)

129. *H15-1-10* Ionisierende Strahlung wird in der Medizin diagnostisch und therapeutisch genutzt. Welche der folgenden Strahlenarten gehört zur Photonenstrahlung?
(A) Alphastrahlung
(B) Betastrahlung
(C) Neutronenstrahlung
(D) Protonenstrahlung
(E) Röntgenstrahlung

130. *F13-1-104* Ein Untersuchungsverfahren soll die folgenden Bedingungen erfüllen:
Es soll ohne Einsatz ionisierender Strahlung erfolgen.
Es soll mit hohem räumlichen Auflösungsvermögen die differenzielle Aktivität des Neokortex bei einem Sprachverständnistest darstellen.
Welches der genannten Untersuchungsverfahren erfüllt diese beiden Kriterien am besten?
(A) Ableitung akustisch evozierter Hirnstammpotentiale
(B) Elektroenzephalographie (EEG)
(C) funktionelle Magnetresonanztomographie (fMRT)
(D) Positronenemissionstomographie (PET)
(E) Röntgen-Computertomographie (CT)

131. *H13-1-1* Bei welchem der Verfahren kommt ionisierende Strahlung zum Einsatz?
(A) CT (Röntgen-Computertomographie)
(B) EKG (Elektrokardiographie)
(C) Mikrowellentherapie
(D) MRT (Magnetresonanztomographie)
(E) USD (Ultraschall-Doppler-Sonographie)

132. *H14-1-9* Ionisierende Strahlung kann unter anderem innerhalb einer Zelle Radikale erzeugen und damit die Zelle schädigen.
Welche der folgenden Strahlungen gehört typischerweise zu den ionisierenden Strahlungen?
(A) Infrarot-Strahlung
(B) Mikrowellen-Strahlung
(C) Röntgen-Strahlung
(D) sichtbares Licht
(E) Terahertz-Strahlung

133. *H16-1-13* Welches der Nuklide erzeugt bei MRT-Untersuchungen am Menschen typischerweise das Signal?
(A) $^{12}_{6}C$
(B) $^{40}_{20}Ca$
(C) $^{1}_{1}H$
(D) $^{24}_{12}Mg$
(E) $^{16}_{8}O$

134. *H14-1-7* Bei der Kernspin(resonanz)tomographie wird ausgenutzt, dass der Kern des Wasserstoffatoms
(A) aus mehreren Protonen zusammengesetzt ist
(B) ein magnetisches Moment besitzt
(C) mehrere Elektronen enthält
(D) radioaktiv zerfallen kann
(E) ungeladen ist

135. *F13-1-17* Welche Aussage zum Wasserstoff trifft zu?
(A) Der Atomkern des häufigsten Wasserstoff-Isotops enthält ein Proton und ein Neutron.
(B) Elementarer Wasserstoff liegt unter Normbedingungen überwiegend atomar vor.
(C) Tritium ist ein stabiles (nicht radioaktives) Isotop.
(D) Tritium ist ein α-Strahler.
(E) Wasserstoffatomkerne spielen eine wichtige Rolle bei der Magnetresonanztomographie (MRT, Kernspintomographie).

136. *H16-1-14* Eine Röntgenröhre wird mit einer Röhrenspannung (Anodenspannung) von 100 kV und einem Röhrenstrom von 150 mA betrieben. Als Anodenmaterial wird Wolfram (Ordnungszahl Z = 74) verwendet.
Etwa wie groß ist die maximale Energie eines Röntgenphotons aus dem Bremsstrahlungsspektrum dieser Röhre?
(A) 150 meV
(B) 74 eV
(C) 15 keV
(D) 100 keV
(E) 7 400 keV

1.8.3 Positronen-Emissions-Tomographie (s: 0.89)

137. *H15-1-87* Bei einem Patienten soll eine Untersuchung der Gehirnfunktion durchgeführt werden.
Welches der folgenden Verfahren verwendet radioaktive Substanzen?
(A) EEG (Elektroenzephalographie)
(B) fMRT (funktionelle Magnetresonanztomographie)
(C) MEG (Magnetenzephalographie)
(D) MRT (Magnetresonanztomographie)
(E) PET (Positronen-Emmissions-Tomographie)

138. *H14-2-117* In der neuropsychologischen Diagnostik und in der Hirnforschung werden PET-Geräte verwendet.
Worauf bezieht sich das „E" in PET?
(A) evoziert
(B) Elektrode
(C) ereigniskorreliert
(D) Emission
(E) Experiment

139. *H16-2-109* Ein Verfahren der diagnostischen Bildgebung, das radioaktive Substanzen verwendet, ist die
(A) Darstellung evozierter Potentiale (EP)
(B) Elektroenzephalographie (EEG)
(C) funktionelle Kernspintomographie (fMRT)
(D) Magnetenzephalographie (MEG)
(E) Positronen-Emissions-Tomographie (PET)

1.8.4 Strahlenschutz (s: 0.46)

140. *H12-1-3* Welche Strahlungsart erfährt im Allgemeinen in menschlichem Gewebe die geringste Schwächung?
(A) α-Strahlung
(B) β⁻-Strahlung
(C) β⁺-Strahlung
(D) γ-Strahlung
(E) Protonen-Strahlung

141. *H14-1-12* In 10 Meter Abstand von einer (nahezu punktförmigen und nur durch Luft vom Messort getrennten) radioaktiven Quelle wird eine Äquivalentdosisleistung von 1 μSv/h gemessen. In etwa welchem Abstand zu dieser Quelle beträgt (bei vernachlässigbar kleiner Absorption in Luft) die Äquivalentdosisleistung 0,5 μSv/h?
(A) 5 Meter
(B) 14 Meter
(C) 20 Meter
(D) 31 Meter
(E) 40 Meter

142. *F13-1-19* Die radioaktive Lungenbelastung durch Zigarettenrauch wird als eine der Ursachen für das Entstehen von Lungentumoren diskutiert. Dabei spielt insbesondere das Polonium-Nuklid ^{210}Po eine wesentliche Rolle, das beim Zerfall α-Teilchen mit einer Energie von etwa 5 MeV aussendet. (Elementarladung $e \approx 1{,}6 \cdot 10^{-19}$ Coulomb)
Für eine grobe Abschätzung der Energiedosis für die Lungen durch eine Zigarette werden folgende Annahmen gemacht:
Die Masse beider Lungen zusammen beträgt etwa 1 kg.
Die Energie der α-Teilchen wird komplett in der Lunge absorbiert.
Der inhalierte Rauch einer einzelnen Zigarette produziert etwa 50 000 Polonium- Zerfälle in der Lunge.
Etwa wie groß ist demnach in einem Jahr die Energiedosis für die Lungen eines Rauchers, der 5 000 Zigaretten pro Jahr konsumiert?
(A) 2 μGy
(B) 20 μGy
(C) 200 μGy
(D) 2 mGy
(E) 20 mGy

143. *F14-1-17* Zur Abschätzung der Energiedosis, die eine Schilddrüse bei einer bestimmten Radioiodtherapie erhält, werden folgende Annahmen gemacht:
Von $4 \cdot 10^{15}$ zerfallsfähigen ^{131}I-Atomkernen im Körper zerfallen etwa 10 % im Bereich der Schilddrüse, wobei ein beim Zerfall zu ^{131}Xe entstehendes Betateilchen eine Energie von etwa 0,6 MeV besitzt. Nur diese Strahlung wird von der (vergrößerten) Schilddrüse der Masse 0,1 kg absorbiert.
Etwa welche Energiedosis erhält dann die Schilddrüse?
(Elementarladung $e \approx 1{,}6 \cdot 10^{-19}$ C)
(A) 0,4 Gy
(B) 4 Gy
(C) 40 Gy
(D) 400 Gy
(E) 4 000 Gy

144. *F16-1-18* Die Strahlenbelastung von Pilzen durch das Isotop Caesium-137 nach dem Reaktorunfall von Tschernobyl kann heutzutage immer noch bis zu 103 Bq pro Kilogramm Pilze betragen. Die von einem 80 kg schweren Menschen aufgenommene jährliche Äquivalentdosis durch den Verzehr von 10 kg Pilzen mit der Aktivität von 103 Bq pro kg Pilze soll abgeschätzt werden. Dazu wird angenommen, dass das gesamte Caesium-137, ein β⁻-Strahler, und die beim Zerfall abgestrahlten Elektronen im Körper verbleiben.
Die Energie, mit der das Elektron jeweils abgestrahlt wird, beträgt (vereinfachend) 1 MeV. Eine Aktivitätsabnahme durch Zerfall des Caesiums im Körper wird (wegen der langen Halbwertszeit) vernachlässigt. (Elementarladung $e \approx 1{,}6 \cdot 10^{-19}$ C)
Etwa welche Äquivalentdosis erhält der Mensch innerhalb eines Jahres? (1 Jahr entspricht etwa $3 \cdot 10^7$ s.)
(A) 60 μSv
(B) 0,6 mSv
(C) 60 mSv
(D) 0,4 Sv
(E) 4 Sv

145. *F17-1-17* Ein Patient wird mittels Positronenemissionstomographie (PET) untersucht. Beim Zerfall einer ihm verabreichten radioaktiven Tracersubstanz entstehen Positronen, deren Annihilation im Körper des Patienten etwa $2 \cdot 10^{12}$ Gamma-Quanten erzeugt.

Die Energie der Gamma-Quanten beträgt jeweils etwa 500 keV. Zur Abschätzung der Äquivalentdosis durch die PET wird zudem vereinfachend angenommen, dass diese Gamma-Quanten alle im Patienten der Masse 80 kg (homogen als Ganzkörperdosis) absorbiert werden.
Etwa welche Äquivalentdosis erhält somit der Patient?
(Elementarladung $e \approx 1{,}6 \cdot 10^{-19}$ A·s)
(A) 2 mSv
(B) 16 mSv
(C) 0,16 Sv
(D) 0,32 Sv
(E) 2 Sv

1.9 Optik (s: 0.56)
1.9.1 Licht (s: 0.47)

146. *F15-1-14* Beim Übergang monochromatischen Lichts von einem transparenten Medium mit niedrigerer zu einem mit höherer Brechzahl (z. B. vordere Augenkammer → Augenlinse) nimmt die
(A) Schwingungsfrequenz ab
(B) Wellenlänge ab
(C) Ausbreitungsgeschwindigkeit zu
(D) Energie der Photonen zu
(E) Intensität der Strahlung zu

1.9.2 Linsen und optische Geräte (s: 0.61)

147. *F13-1-15* Bei einem Lichtmikroskop konventioneller Bauart lassen sich mit Licht der Wellenlänge 550 nm gerade noch Strukturen von 900 nm Breite auflösen.
Welche Strukturbreiten können bei sonst gleichen Bedingungen gerade noch aufgelöst werden, wenn die numerische Apertur um den Faktor 1,5 (also auf das Anderthalbfache) erhöht wird?
(A) 400 nm
(B) 600 nm
(C) 900 nm
(D) 1 350 nm
(E) 2 000 nm

148. *H13-1-9* Bei einem bestimmten (konventionellen) Lichtmikroskop können unter Verwendung von Licht der Wellenlänge 660 nm Strukturen einer Größe von 900 nm gerade noch aufgelöst werden. Etwa welche Wellenlänge muss das Licht haben, um noch Strukturen von 600 nm aufzulösen, wenn die numerische Apertur nahezu gleich bleibt?

(A) 440 nm
(B) 600 nm
(C) 660 nm
(D) 800 nm
(E) 990 nm

149. *F14-1-11* Elektronenmikroskope haben typischerweise ein viel höheres Auflösungsvermögen als konventionelle Lichtmikroskope.
Das liegt im Wesentlichen daran, dass
(A) die Elektronen des Elektronenstrahls sich viel langsamer bewegen als das Licht und daher die Probe länger analysieren können
(B) durch elektronische Schaltungen die Probe genauer justiert werden kann
(C) die Bilder mit einer Kamera aufgenommen werden und diese elektronisch nachbearbeitet werden
(D) die Wellenlänge der Materiewellen der Elektronen viel kleiner ist als die Lichtwellenlänge
(E) elektrisch polierte, hochgenaue Glaslinsen verwendet werden

150. *F16-1-16* Ein (Standard-)Lichtmikroskop kann mit verschiedenen unabhängigen Einstellungen betrieben werden. Als Vergrößerungen sind V = 800 oder V = 1 000 möglich, die numerische Apertur kann zu NA = 0,6 oder NA = 0,8 gewählt werden und es kann blaues Licht (λ = 400 nm) oder rotes Licht (λ = 700 nm) verwendet werden.
Welche der Kombinationen (A) bis (E) liefert bei sonst gleichen Bedingungen das höchste Auflösungsvermögen?

	V	NA	λ
(A)	800	0,6	400
(B)	800	0,8	400
(C)	1000	0,6	400
(D)	1000	0,6	700
(E)	1000	0,8	700

Physik

151. *F17-1-13* Für die (konventionelle) lichtmikroskopische Untersuchung histologischer Präparate kann man eine Immersionslösung mit einer höheren Brechzahl n als die der Luft zwischen Präparat und Mikroskopobjektiv einsetzen.
Dies dient in erster Linie dazu,
(A) das beugungsbegrenzte Auflösungsvermögen des Lichtmikroskops zu verbessern
(B) das Präparat einzufärben
(C) den Farbkontrast im Okular des Lichtmikroskops zu verbessern
(D) die Tiefenschärfe (Schärfentiefe) der Abbildung zu erhöhen
(E) Untersuchungen des Polarisationszustandes zu erlauben

152. *F15-1-13* Die Fovea centralis der Retina hat einen Radius von etwa 800 μm. Nur ein Teilbereich des gesamten Gesichtsfelds wird in die Fovea abgebildet.
Es wird der vereinfachte Strahlengang eines sog. reduzierten Auges analog einer dünnen Sammellinse in Luft zugrunde gelegt, wobei die Brennweite des Auges 20 mm betrage.
Etwa welchen Radius hat dann der Bereich des Gesichtsfeldes in 10 m Entfernung, der in die Fovea abgebildet wird?
(A) 4 cm
(B) 20 cm
(C) 40 cm
(D) 80 cm
(E) 400 cm

153. *H15-1-91* Bei einem Probanden liegt die Mitte des Discus nervi optici etwa 14° nasal der Mitte der Fovea centralis retinae. Der Proband fixiert bei geschlossenem anderen Auge einen Punkt auf einem sich senkrecht zur Blickachse befindlichen Blatt Papier. Ein zweiter Punkt auf dem Papier wird von ihm nicht wahrgenommen, weil er sich im Gesichtsfeld des Auges in die Mitte des (physiologischen) blinden Flecks projiziert.
Der zweite Punkt ist auf dem Papier 6 cm vom ersten Punkt entfernt. Der Abstand des Knotenpunkts im vereinfachten Strahlengang des sog. reduzierten Auges zum Augenvorderrand sei vernachlässigbar klein. Der Tangens von 14° ist etwa 0,25.
Etwa in welcher Entfernung zum Auge befindet sich das Papier?
(A) 1,5 cm
(B) 6 cm
(C) 14 cm
(D) 24 cm
(E) 96 cm

154. *H16-1-9* Mit einem Brillenglas lässt sich das Licht der Sonne in etwa 25 cm Abstand von der Linse fokussieren.
Etwa wie groß ist der Brechwert (die „Brechkraft") dieser Linse?
(A) $\frac{1}{25}$ dpt
(B) $\frac{1}{20}$ dpt
(C) 4 dpt
(D) 25 dpt
(E) 40 dpt

1.9.3 Photometrie (s: 0.51)

155. *H12-1-15* Die Strahlung eines CO_2-Lasers nehme in einem Gewebe (bei nicht zu berücksichtigender Streuung) gemäß einem exponentiellen Schwächungsgesetz ab. Der (natürliche) Absorptionskoeffizient betrage etwa 900 cm^{-1}.
Etwa nach welcher Strecke im Gewebe ist dann die Intensität auf den Anteil $1/e^3$ (also auf etwa ein Zwanzigstel) abgefallen?
(A) 33 μm
(B) 3 mm
(C) 3 cm
(D) 9 cm
(E) 30 cm

156. *H13-1-34* Bei einer photometrischen Messung zeigt in einer 1-cm-Küvette bei 340 nm eine Lösung von NADH eine Absorption (= $-\log(I/I_0)$) von 0,311.
Wie hoch ist die NADH-Konzentration der Lösung, wenn der Absorptionskoeffizient von NADH hierbei 6,22 $\frac{L}{cm \cdot mmol}$ beträgt?
(A) 50 μmol/L
(B) 2 mmol/L
(C) 5 mmol/L
(D) 20 mmol/L
(E) 50 mmol/L

157. *F14-1-12* Bei der Pulsoxymetrie wird u. a. die Absorption von Licht der Wellenlänge 940 nm durch das Hämoglobin des Blutes zur Messung der Sauerstoffsättigung im Blut ausgewertet.

Im Rahmen einer modellhaften Überlegung werden folgende Annahmen gemacht:
Die Bedingungen für die Gültigkeit des Lambert-Beer-Gesetzes sind erfüllt.
Der Absorptionskoeffizient (Extinktionskonstante) bei 940 nm ist für sauerstoffreiches Blut etwa zweimal so groß wie der für sauerstoffarmes Blut. Es wird eine bestimmte Schichtdicke Blut einmal unter sauerstoffarmen und einmal unter sauerstoffreichen Bedingungen durchstrahlt.
Das sauerstoffarme Blut reduziert hierbei die Lichtintensität auf die Hälfte.
Etwa auf welchen Anteil wird dann die Lichtintensität durch das sauerstoffreiche Blut reduziert?
(A) 1/1,4
(B) 1/2
(C) 1/4
(D) 1/8
(E) 1/16

158. *H14-1-15* Eine Lösung von NADH zeigt photometrisch bei 340 nm und einer Schichtdicke von 1 cm eine (dekadische) Absorption (Extinktion) von 1,26. Der molare dekadische Absorptionskoeffizient von NADH bei 340 nm beträgt 6 300 $L \cdot mol^{-1} \cdot cm^{-1}$.
Wie groß ist die NADH-Konzentration dieser Lösung?
(A) 20 $\mu mol \cdot L^{-1}$
(B) 200 $\mu mol \cdot L^{-1}$
(C) 500 $\mu mol \cdot L^{-1}$
(D) 2 $mmol \cdot L^{-1}$
(E) 5 $mmol \cdot L^{-1}$

159. *F15-1-18* Nach Durchstrahlung eines 16 cm dicken Gewebes ist die austretende Strahlungsintensität auf 1/16 der einfallenden Strahlungsintensität abgeschwächt.
Wie groß ist dann (bei Gültigkeit des Lambert-Beer-Gesetzes) die Halbwertsdicke dieses Gewebes für diese Strahlung?
(A) 1 cm
(B) 2 cm
(C) 4 cm
(D) 8 cm
(E) 32 cm

160. *F17-1-18* Für eine bestimmte monoenergetische γ-Strahlung beträgt die Halbwertsdicke (Halbwertsschichtdicke) von Blei 5 mm.
Auf welchen Bruchteil wird die Intensität der (parallel einfallenden) Strahlung durch eine 2 cm dicke Bleischicht vermindert, wenn die Strahlung gemäß einem Exponentialgesetz geschwächt wird (wie beim Lambert-Beer-Gesetz)?
(A) 1/16
(B) 1/8
(C) 1/4
(D) 2/5
(E) 3/5

Lösungsbogen

Nr.	Frage	L	s.
1	H12-1-1	C	0.61
2	F13-1-4	B	0.61
3	F16-1-2	C	0.80
4	H16-1-50	C	0.52
5	H15-1-74	E	0.62
6	F16-1-1	E	0.75
7	H15-1-1	E	0.81
8	F14-1-1	C	0.79
9	F15-1-1	D	0.68
10	F17-1-2	B	0.81
11	H12-1-2	E	0.60
12	F13-1-5	D	0.51
13	H13-1-13	D	0.77
14	H14-1-2	D	0.79
15	F16-1-3	D	0.85
16	H16-1-3	D	0.73
17	H16-1-2	C	0.74
18	F15-1-3	B	0.62
19	H16-1-4	C	0.26
20	H12-1-4	E	0.84
21	F15-1-2	B	0.67
22	F16-1-90	B	0.11
23	H14-1-82	D	0.79
24	H16-1-124	C	0.80
25	F14-1-7	A	0.05
26	H13-1-5	E	0.44
27	F15-1-6	D	0.45
28	F17-1-4	E	0.15
29	F13-1-6	D	0.56
30	H14-1-4	D	0.81
31	F14-1-2	D	0.49
32	H15-1-2	A	0.73
33	F15-1-4	C	0.55
34	H15-1-3	C	0.47
35	F16-1-5	A	0.61
36	H14-1-3	C	0.66
37	F13-1-7	B	0.31
38	F16-1-7	D	0.48
39	H12-1-5	E	0.74
40	F13-1-2	B	0.86
41	H13-1-4	C	0.67
42	F14-1-6	D	0.22
43	H14-1-5	A	0.55
44	F16-1-6	C	0.68
45	F17-1-3	D	0.72
46	H14-1-1	B	0.71
47	H12-1-6	D	0.36
48	F16-1-4	A	0.32
49	H16-1-5	D	0.75
50	H13-1-115	A	0.30
51	F15-1-124	C	0.67
52	F17-1-5	A	0.43
53	F13-1-8	E	0.47
54	F13-1-9	B	0.18
55	F14-1-4	E	0.59
56	F16-1-8	A	0.28
57	H16-1-1	E	0.67
58	H16-1-123	B	0.43
59	H15-1-101	B	0.61
60	H13-1-114	E	0.77
61	H14-1-119	C	0.45
62	F17-1-6	D	0.87
63	H12-1-8	E	0.36
64	F13-1-1	B	0.75
65	H13-1-2	C	0.68
66	F14-1-5	C	0.5
67	F15-1-8	D	0.55
68	H15-1-6	C	0.72
69	H16-1-130	B	0.70
70	F17-1-7	B	0.53
71	H13-1-3	C	0.77
72	F16-1-9	D	0.60
73	H15-1-5	A	0.94
74	F16-1-24	E	0.76
75	F14-1-14	B	0.71
76	H13-1-6	E	0.63
77	H13-1-7	D	0.58
78	F15-1-12	B	0.15
79	H15-1-8	D	0.78
80	H16-1-7	C	0.73
81	F17-1-9	C	0.58
82	F15-1-10	D	0.21
83	H12-1-10	D	0.88
84	F13-1-10	D	0.80
85	F14-1-9	C	0.65
86	F15-1-11	C	0.60
87	F16-1-13	B	0.60
88	H16-1-6	E	0.84
89	F17-1-8	A	0.77
90	H15-1-7	A	0.54
91	F17-1-10	C	0.52
92	F13-1-62	D	0.48
93	H13-1-58	B	0.62
94	F14-1-54	C	0.64
95	F16-1-12	A	0.46
96	H12-1-11	A	0.53
97	H14-1-6	A	0.73
98	F17-1-1	C	0.78
99	F13-1-14	A	0.62
100	H13-1-8	B	0.78
101	F16-1-15	C	0.40
102	F17-1-11	D	0.33
103	F14-1-8	A	0.32
104	H12-1-12	B	0.77
105	H12-1-13	B	0.77
106	F13-1-11	A	0.52
107	F15-1-7	D	0.78
108	F16-1-14	B	0.64
109	H16-1-8	B	0.67
110	H14-1-98	B	0.71
111	F17-1-12	D	0.58
112	F15-1-16	B	0.74
113	F17-1-15	A	0.81
114	H13-1-11	D	0.79
115	F14-1-16	A	0.49
116	F16-1-25	C	0.61
117	H16-1-11	E	0.69
118	F13-1-20	A	0.56
119	F14-1-15	B	0.86
120	H14-1-10	B	0.64
121	H13-1-12	B	0.81
122	F15-1-15	E	0.38
123	H15-1-11	E	0.57
124	F16-1-17	D	0.20
125	H16-1-10	B	0.83
126	F17-1-16	E	0.43
127	F13-1-18	C	0.56
128	F15-1-17	A	0.83
129	H15-1-10	E	0.66
130	F13-1-104	C	0.53
131	H13-1-1	A	0.81
132	H14-1-9	C	0.91
133	H16-1-13	C	0.73
134	H14-1-7	B	0.77
135	F13-1-17	E	0.38
136	H16-1-14	D	0.24
137	H15-1-87	E	0.86
138	H14-2-117	D	0.88
139	H16-2-109	E	0.93
140	H12-1-3	D	0.86
141	H14-1-12	B	0.45
142	F13-1-19	C	0.41
143	F14-1-17	D	0.35
144	F16-1-18	B	0.28
145	F17-1-17	A	0.38
146	F15-1-14	B	0.47
147	F13-1-15	B	0.41
148	H13-1-9	A	0.65
149	F14-1-11	D	0.85
150	F16-1-16	B	0.18
151	F17-1-13	A	0.75
152	F15-1-13	C	0.45
153	H15-1-91	D	0.66
154	H16-1-9	C	0.94
155	H12-1-15	A	0.16
156	H13-1-34	A	0.52
157	F14-1-12	C	0.66
158	H14-1-15	B	0.60
159	F15-1-18	C	0.46
160	F17-1-18	A	0.65